2024年

世界一
かんたんな
NISAとiDeCoの
得する教科書

ファイナンシャルプランナー
藤川 太

宝島社

2024年
新制度
対応版

世界一かんたんな NISAとiDeCoの得する教科書

本書で紹介している情報は、基本的に2023年2月時点でのデータです。基準価額、純資産総額、信託報酬、リターンなどの株価指標は今期実績の数字を記載しております。本誌ではつみたてNISA、NISA及びiDeCoに関する情報提供を目的としていますが、始めるにあたってのあらゆる決定や最終判断はご自身の責任において行われますようお願いいたします。つみたてNISA、NISA及びiDeCoによる結果については、株式会社宝島社及び著者は一切責任を負いません。また、本誌の内容については正確を期すよう万全の努力を払っていますが、2023年2月以降の経済情勢の変化が生じた場合はご了承ください。

序章

「人生100年時代」つみたてNISAとiDeCoを活用した資産運用を始めよう！

2024年から新制度開始！
NISA恒久化で資産運用プランが大きく変わる!?

2024年からNISA制度は恒久化、
非課税限度額UPなど、
長期の資産形成に非常に有利な制度へと
生まれ変わります。

新ＮＩＳＡ制度は現行ＮＩＳＡと「別枠」

株式や投資信託などに投資をした場合、これらを売却して得た利益や、受け取った配当に対して約20%の税金がかかります。それに対してＮＩＳＡは、専用の口座を作り、その中で毎年一定の金額内で購入した株式や投資信託から得られる利益が非課税になる（＝税金がかからなくなる）制度です。このＮＩＳＡの制度（「つみたてＮＩＳＡ」と「一般ＮＩＳＡ」）が２０２４年から大きく変わります。

現行のＮＩＳＡ制度と、新しいＮＩＳＡ制度（以下、新ＮＩＳＡ制度）の変更点については、左ページの表を見てください。

まず、新ＮＩＳＡ制度では、つみたてＮＩＳＡは「つみたて投資枠」、一般ＮＩＳＡは「成長投資枠」とそれぞれ名称を変えます。従来、この2つの制度は併用ができませんでしたが、新ＮＩＳＡ制度では併用が可能になります。

年間投資枠は、つみたて投資枠１２０万円、成長投資枠２４０万円の計３６０万円になります。現行のＮＩＳＡ制度では、つみたてＮＩＳＡが40万円、一般ＮＩＳＡが１２０万円ですから、大幅に投資枠が増えます。また、生涯非課税限度額が最大１８００万円になります。現行ＮＩＳＡ制度では一般ＮＩＳＡは６００万円、つみたてＮＩＳＡは８００万円が限度額ですから、こちらも大幅に金額が増えます。さらに新ＮＩＳＡ制度では、売却して余った限度枠の再利用もできるようになります。

注意していただきたいのは、新ＮＩＳＡ制度での非課税投資枠は、現行の制度と「別枠」になるということです。つまり、現行のＮＩＳＡ制度を利用していたら新ＮＩＳＡ制度での非課税限度額が減るということはなく、むしろ合計の限度額は、現行制度を利用したほうが多くなるということです。これから投資を始めるという人にも現行のＮＩＳＡ制度から始めることをおすすめしますが、併せてｉＤｅＣｏの制度も活用することで、老後の資産形成に役立てていただければと思います。

●新NISAの内容(現行制度との比較)

	つみたて投資枠	成長投資枠
	併用可	
年間投資枠	120万円 (つみたてNISAでは40万円)	240万円 (一般NISAでは120万円)
非課税保有期間(注1)	無期限 (つみたてNISAでは20年間)	無期限 (一般NISAでは5年間)
非課税保有限度額(総枠)(注2)	買付残高1800万円(うち成長投資枠1200万円)	
	(つみたてNISAでは800万円)	(一般NISAでは600万円)
口座開設期間	2024年~(恒久化)	
	つみたてNISA、一般NISAともに2023年末まで	
投資対象商品	長期の積立・分散投資に適した一定の投資信託 (現行のつみたてNISA対象商品と同様)	上場株式・投資信託など (高レバレッジ型および毎月分配型の投資信託などを除く)(注3)
対象年齢	18歳以上	18歳以上
現行制度との関係	2023年末までに現行の一般NISAおよびつみたてNISA制度において投資した商品は、新しい制度とは別に、現行制度の非課税措置を適用 ※現行制度から新しい制度へのロールオーバーは不可	

(注1)非課税保有期間の無期限化に伴い、現行のつみたてNISAと同様、定期的に利用者の住所等を確認し、制度の適正な運用を担保
(注2)利用者それぞれの非課税保有限度額については、金融機関から一定のクラウドを利用して提供された情報を国税庁において管理
(注3)金融機関による「成長投資枠」を使った回転売買への勧誘行為に対し、金融庁が監督指針を改正し、法令に基づき監督及びモニタリングを実施
(注4)2023年末までにジュニアNISAにおいて投資した商品は、5年間の非課税期間が終了しても、所定の手続きを経ることで、18歳になるまでは非課税措置が受けられることとなっているが、今回、その手続きを省略することとし、利用者の利便性向上を手当て

制度はいつまでも使えるようになり非課税保有限度額は1800万円に大幅アップ!

複利効果が最大限活かせる！
「岸田NISA」をフル活用して安定した老後資産を形成

2024年から始まる
新NISA制度（いわゆる「岸田NISA」）を
フル活用すると、
将来の資産がさらに大きく増える
可能性が高まります

資産0から30年後には4432万円に

２０２４年から始まる新ＮＩＳＡ制度は、岸田文雄総理の名を取って、通称「岸田ＮＩＳＡ」とも呼ばれています。

この「岸田ＮＩＳＡ」には、６ページでも述べたように、非課税期間の恒久化、非課税限度額の大幅アップなど、老後の資産形成のためのさまざまなメリットがあります。

たとえば左ページのシミュレーションのように、資産ゼロから運用を始めたとしても、毎年のつみたて投資枠を目一杯使って月10万円を積み立てれば、15年後には生涯非課税限度額１８００万円の元本と合わせて資産は約２４６１万円。利益分の約６６１万円は非課税になります（年率４％、１年複利で計算）。

さらにその元本で15年運用を続ければ、複利効果も手伝って、積立なしでも最終的な資産は約４４３２万円になる計算です。今話題となっている老後資金２０００万円問題（12ページで解説）に対応するにも十分な資産といえるでしょう。

出口戦略、損益通算などに悩まなくて済む

「岸田ＮＩＳＡ」には、そのほかにもさまざまなメリットがあります。

たとえば、非課税期間が無期限になったので、現行ＮＩＳＡのようにロールオーバーや課税口座への移管など、出口戦略に悩む必要がありません。ＮＩＳＡには「ＮＩＳＡ口座と課税口座で損益通算ができない」というデメリットがあります。ＮＩＳＡ制度が恒久化されることで、長期間利益が出るのを待つことができます。

商品を売って「投資枠」に空きができたら、その枠を使って新たに非課税の投資ができるのも、新たなメリットといえるでしょう。

本書では、現行のＮＩＳＡ、さらにはｉＤｅＣｏを活用し、さらにはこの新たな「岸田ＮＩＳＡ」を組み合わせることで、読者の皆さんに最適な資産形成の方法をお伝えしていきます。

●「岸田NISA」で15年後、30年後の資産はどうなる?

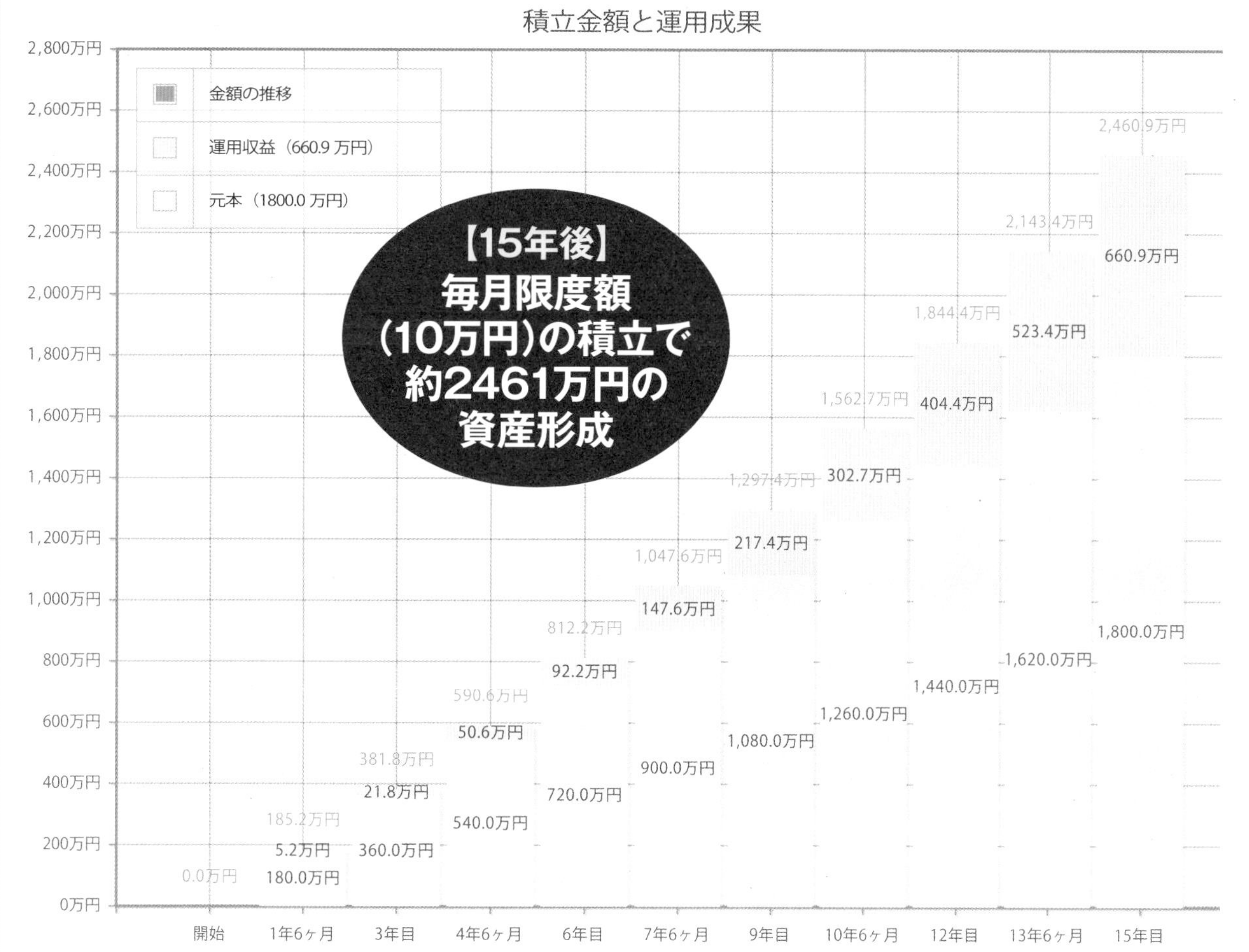

出典：金融庁「資産運用シミュレーション」（年一回の複利計算。計算結果は小数点以下を四捨五入）

30年後

さらに30年後には
元本1800万円のままでも、
運用を続ければ、
複利効果でさらに資産が増える!

約4432万円

野村證券「マネーシミュレーター『みらい電卓』〜運用編」で計算

「岸田NISA」のメリット

- 非課税期間が無期限になったので、現行NISAのようにロールオーバーや課税口座への移管など、出口戦略に悩む必要がない
- 同様に、「NISA口座と課税口座で損益通算ができない」が長期間利益が出るのを待つことができる
- 商品を売って「投資枠」に空きができたら、その枠を使って新たに非課税の投資ができる

2024年からの
新制度にも対応！

投資初心者でも大丈夫！

つみたてNISA & iDeCo

本書を読んでつみたてNISAとiDeCoの基本知識を身につけましょう。
これらの制度を使ってどんな金融商品を買ったらいいかわからない人は、そのまま使える
「運用テンプレート」（26～47ページ）を参考にしてください。

1 本書で積立運用のイメージを掴む！

世界一かんたんな
NISAと
iDeCoの
得する教科書
2024年
新制度
対応版
「岸田NISA」の新非課税枠1800万円をフル活用!!
ファイナンシャルプランナー
藤川 太
資産倍増への第一歩！NISAは恒久化、無期限に
□ 20代→今のうちにしっかり貯金すれば、ラクラク投資で老後も安心
□ 30～40代→NISA制度の恒久化に乗り、長期の複利効果で資産倍増
□ 50代→資産を守るため、ポートフォリオを見直して株式比率を抑える
年代別運用モデルがパッとわかる！
知識ゼロでも使えるNISA・iDeCo運用モデル“テンプレート”
宝島社

つみたてNISA、
iDeCo、
一般NISAのしくみを
初心者にも
わかりやすく
解説！

つみたてNISA、iDeCo、一般NISA
それぞれの制度について、
2024年からの新制度も含めて
わかりやすく解説しています。

② 初心者でもそのまま使える運用テンプレート

つみたてNISAやiDeCoを始めても、実際にどんな金融商品を買ったらいいかわからないという人のために、そのままでも使える年齢、職業、家族構成別「運用テンプレート」を用意しました。

20代独身・会社員の運用テンプレート

●まずはシンプルにつみたてNISA1本でスタート!

つみたてNISA(2024年からは新NISA)

リスクは大きいが積極的に
リターンを追求したい人

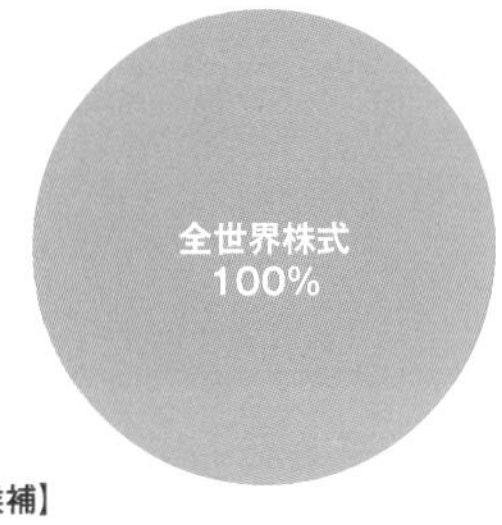
全世界株式
100%

【商品候補】
●SBI・全世界株式インデックス・ファンド 雪だるま(全世界株式)
●eMAXIS Slim全世界株式(オール・カントリー)

リスクを抑え確実に運用するため、
資産分散したい人

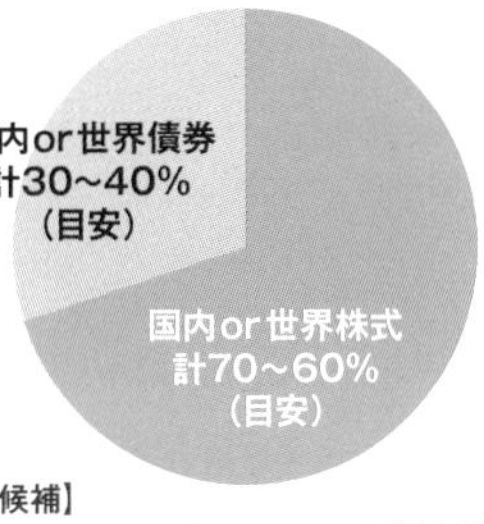
国内or世界債券
計30～40%
(目安)
国内or世界株式
計70～60%
(目安)

【商品候補】
●楽天・インデックス・バランス・ファンド(株式重視型)
●DCニッセイワールドセレクトファンド(株式重視型)
●eMAXIS Slim バランス(8資産均等型)

どんな商品を
買ったらいいか
わからない人でも
すぐに分散投資ができる
おすすめの
「運用テンプレート」

③ さっそく証券口座を開設して運用開始!

知識だけ身につけてもお金は増えません。まずは証券口座を開設。
そして将来のための資産運用を始めましょう!

これなら
私たちでも
できそう
○○証券
○○証券
口座は
ネット証券や銀行でも
開設できるんだね

今からでも遅くない！

老後資金2000万円問題はこれで解決！

「2000万円」という数字はあくまでも
老後の家庭の平均値から計算したもの。
うのみにする必要はありませんが、
老後に備えて資産作りをすべきで
あることは間違いありません。
今からでも資産形成を始めましょう。

つみたてNISAと
iDeCoを活用した、
無理のない
運用プランを
お教えします。

藤川 太
（ファイナンシャルプランナー）

図1 60歳までの資産運用イメージ

START

貯蓄0円

20代

まずは貯蓄のクセを付け、
生活費半年分を目安に貯蓄。
貯まったらつみたてNISAを活用

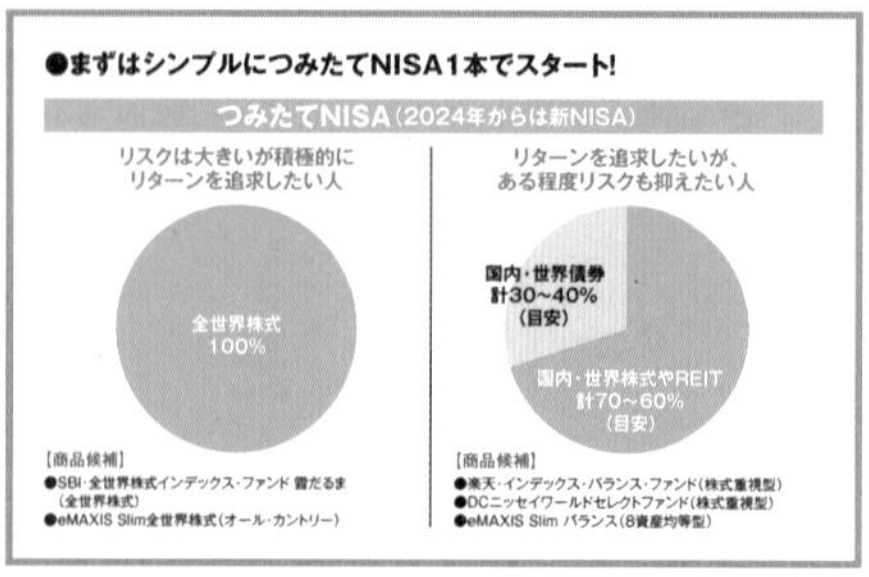

30代

流動性のある
つみたてNISAを優先。
子なし世帯はiDeCoも活用

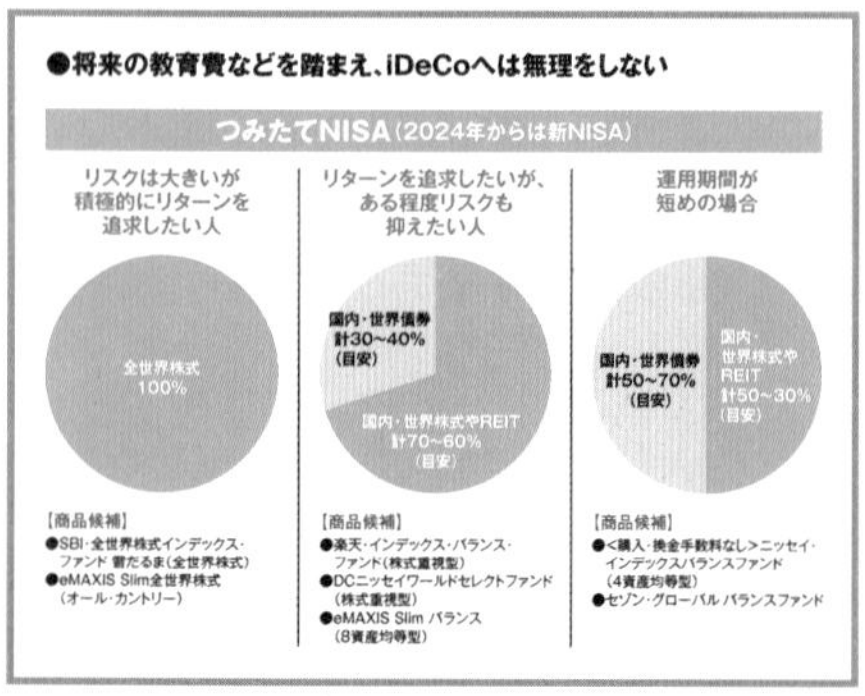

老後に必要な資金は２０００万円とは限らない

「老後資金２０００万円問題」という感じの悪い言葉の出所は、金融庁の審議会が２０１９年にまとめた報告書です。高齢夫婦無職世帯の平均（２０１７年）では、老後の家計は毎月５万円強の赤字となっていました。この赤字が20年続けば累計で約１３００万円、30年では約２０００万円の取崩しが必要になります。これが「公的年金以外に２０００万円の貯蓄がなければ老後の生活が危ない！」という危機感をあおる記事につながり、さまざまなメディアをにぎわせたのです。

公的年金だけで老後の生活は安心という方は少ないでしょう。老後に備えた資金作りが求められていることは事実です。しかし２０００万円という数字はあくまで１つの目安にすぎず、届かなければダメ、超えたから安心というものではありません。

実はこの試算結果は、２０１７年は赤字でしたが、２０２０年の試算になると、わずかながら年間収支が黒字になっているのです。平均はあくまで平均であり、しかも年によって変動があります。他人の人生の、漠然とした平均を過剰に意識して、むやみに２０００万円を目指す必要はありません。

必要なのは、自分の月々の収支を洗い直すと同時に、ライフプランや理想とする老後生活のスタイルを想定し、自分にはいくら必要かを考えることです。それに合わせて、貯蓄と投資という２つの手段を組み合わせて、「オーダーメイドの資金戦略」を考え、着実に実行していけば、必ず明るい未来が開けます。26ページ以降にその助けとなる「運用テンプレート」を掲載しているので、参考にしてください。

２０２４年からＮＩＳＡの新しい制度が始まりますが、資産運用は２０２３年中から始めても早すぎることはありません。

今からしっかり備えつつ戦略的に家計をやりくりしていくことで、お金に困ることのない老後を送ることができます。

40代

比較的支出の多い時期。
家計をやりくりしつつ
積立投資を継続

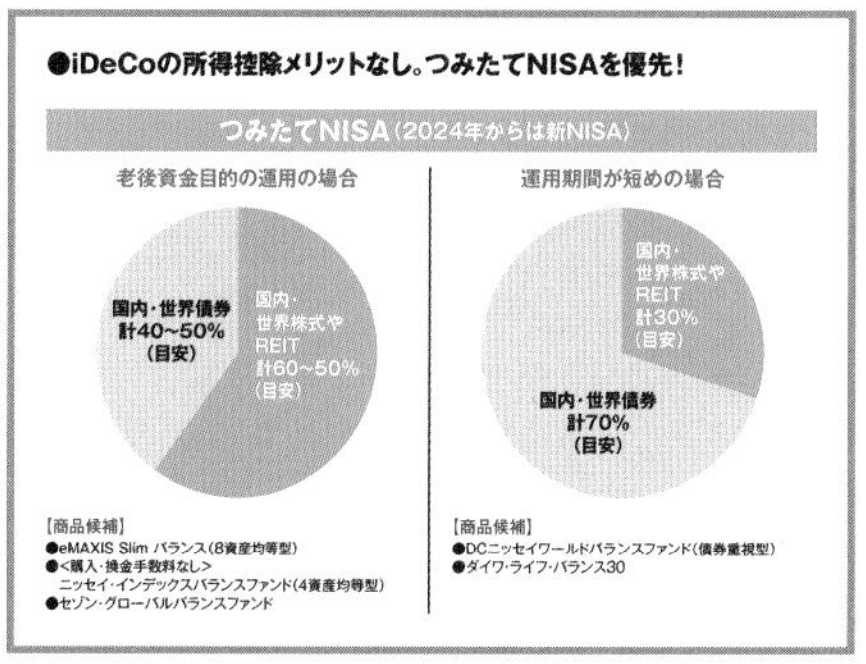

●iDeCoの所得控除メリットなし。つみたてNISAを優先！
つみたてNISA（2024年からは新NISA）
老後資金目的の運用の場合
国内・世界債券 計40~50%（目安）
国内・世界株式やREIT 計60~50%（目安）
【商品候補】
●eMAXIS Slim バランス（8資産均等型）
●<購入・換金手数料なし> ニッセイ・インデックスバランスファンド（4資産均等型）
●セゾン・グローバルバランスファンド
運用期間が短めの場合
国内・世界株式やREIT 計30%（目安）
国内・世界債券 計70%（目安）
【商品候補】
●DCニッセイワールドバランスファンド（債券重視型）
●ダイワ・ライフ・バランス30

50代

最も支出が多い時期。
とはいえ老後資金作りも必要、
iDeCoは継続

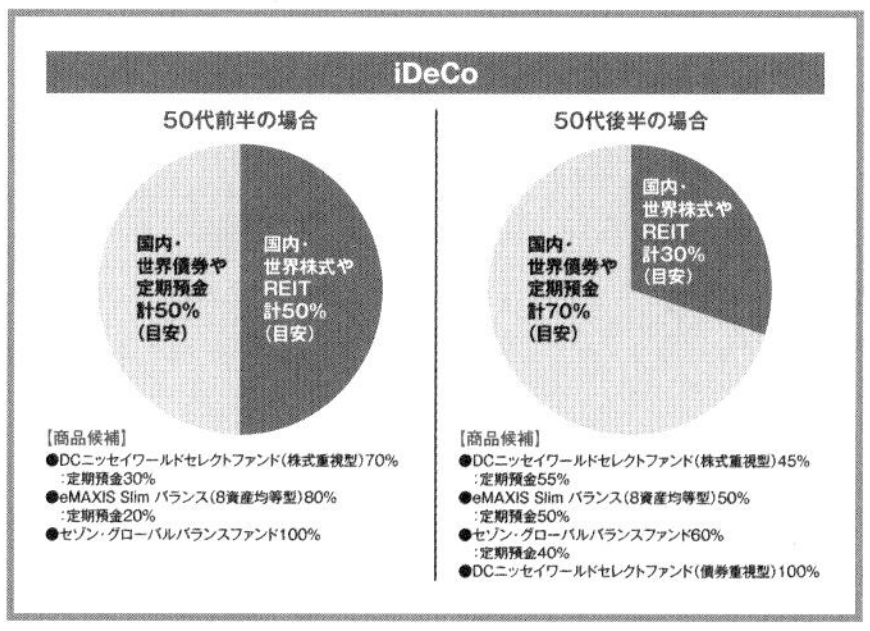

iDeCo
50代前半の場合
国内・世界債券や定期預金 計50%（目安）
国内・世界株式やREIT 計50%（目安）
【商品候補】
●DCニッセイワールドセレクトファンド（株式重視型）70%：定期預金30%
●eMAXIS Slim バランス（8資産均等型）80%：定期預金20%
●セゾン・グローバルバランスファンド100%
50代後半の場合
国内・世界株式やREIT 計30%（目安）
国内・世界債券や定期預金 計70%（目安）
【商品候補】
●DCニッセイワールドセレクトファンド（株式重視型）45%：定期預金55%
●eMAXIS Slim バランス（8資産均等型）50%：定期預金50%
●セゾン・グローバルバランスファンド60%：定期預金40%
●DCニッセイワールドセレクトファンド（債券重視型）100%

なぜ資産運用が必要なのか？

収入減少・支出の増加、インフレ……

お金を貯めづらい時代が来る

お金が減ってしまうことを恐れて資産運用できない人は、積極的に資金を「作らない」ことで生じるリスクがあることも考えましょう。何もせずに老後の資金不足の不安を持つよりも、今から手を打ってコツコツ備えるほうが安心できますよ。

収入減、支出増の不安を解消するのは資産運用

資産運用というと、「お金が減ってしまうのが怖い」と考える人がいます。しかしここでお伝えしたいのは、積極的に資金を「作らない」ことで生じるリスクもあるということです。

残念ながら、すでに引退している親世代に比べて、現役世代の私たちは明らかに「お金の環境」が悪くなっています。収入は減るのに支出は増えるというダブルパンチを受けているからです。

まず、現役世代は上の世代に比べて、給料が伸びていません。総務省の「家計調査年報」によると、実収入（世帯収入）の平均値は、30年以上横ばい傾向を続けています。一方で、税金や公的年金、介護保険、健康保険といった社会保険料は増加の一途をたどっています。税金や社会保険料を引いた後の手取り収入は減少傾向にあるということです。

そのうえ最近では、若い世代は未経験の「インフレ」局面にさしかかっています。ガソリンの値段は上がり、お菓子の量は減りと、日々の生活で物価上昇を実感されていることでしょう。

手取り収入が減っているところに物価が上がれば、当然、生活も苦しくなります。頑張って節約しても、なかなか貯蓄できない時代です。

こうなると、ライフプランの実現にも支障が出てきます。ライフプランの実現とは、早く言えば「やりたいことをやる」ことです。結婚をしたり、子どもを育てたり、家を買ったり、趣味を楽しんだり。快適な老後生活を送ることも目標となるでしょう。

収入が多い人であれば問題はありません。しかし、ごくふつうのサラリーマン世帯では、「やりたいことをやる」をフルに実現するのは難しい現実があります。

何もせずにお金が貯まる時代ではありません。家計を戦略的にやりくりしながら、お金を積極的に貯める。そして、資産運用の力を借りることでこのリスクに対処しましょう。

図2 手取り収入が減少し、お金を貯めづらい時代に

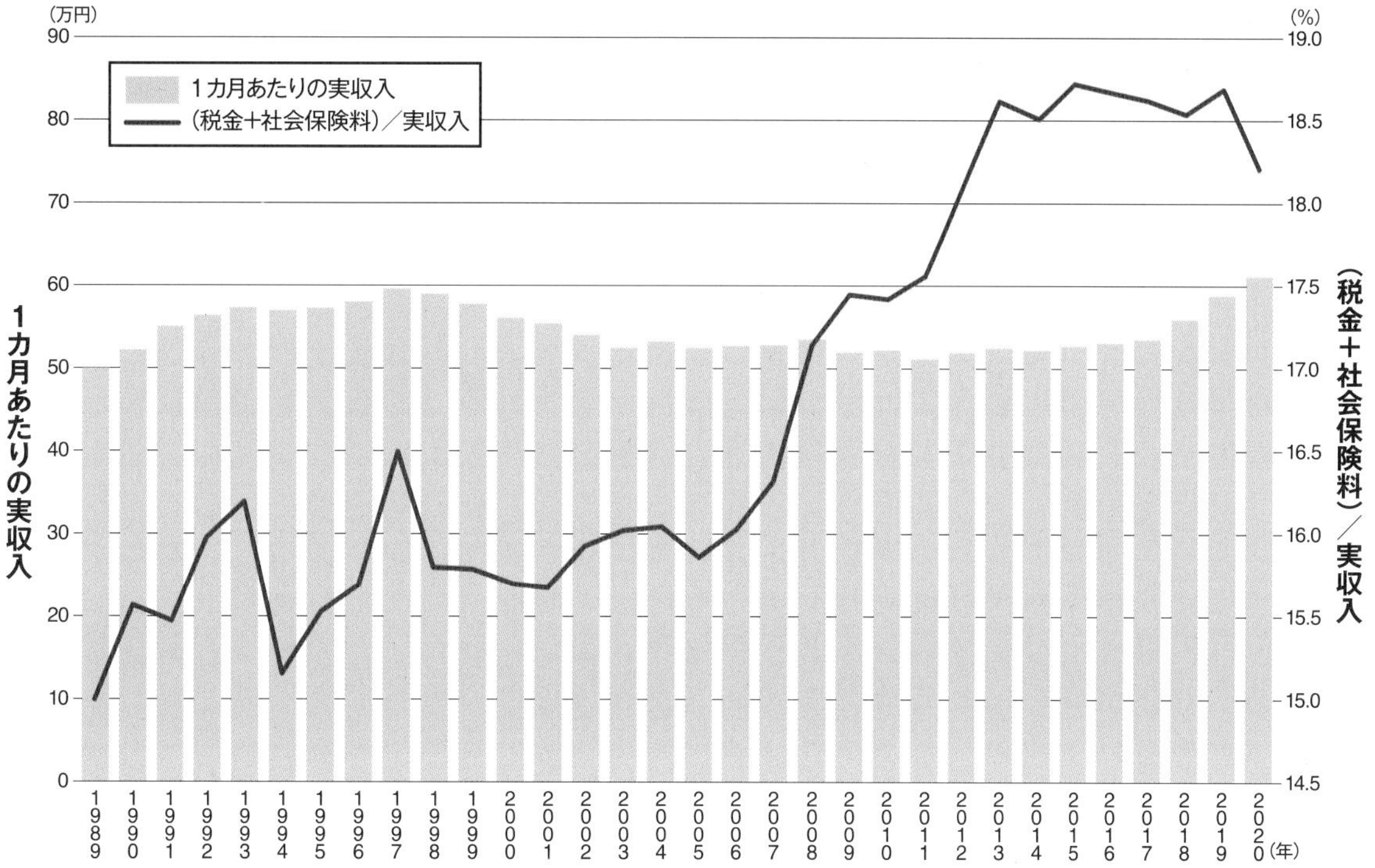

総務省 家計調査年報(家計収支編)

図3 伸びていく平均寿命

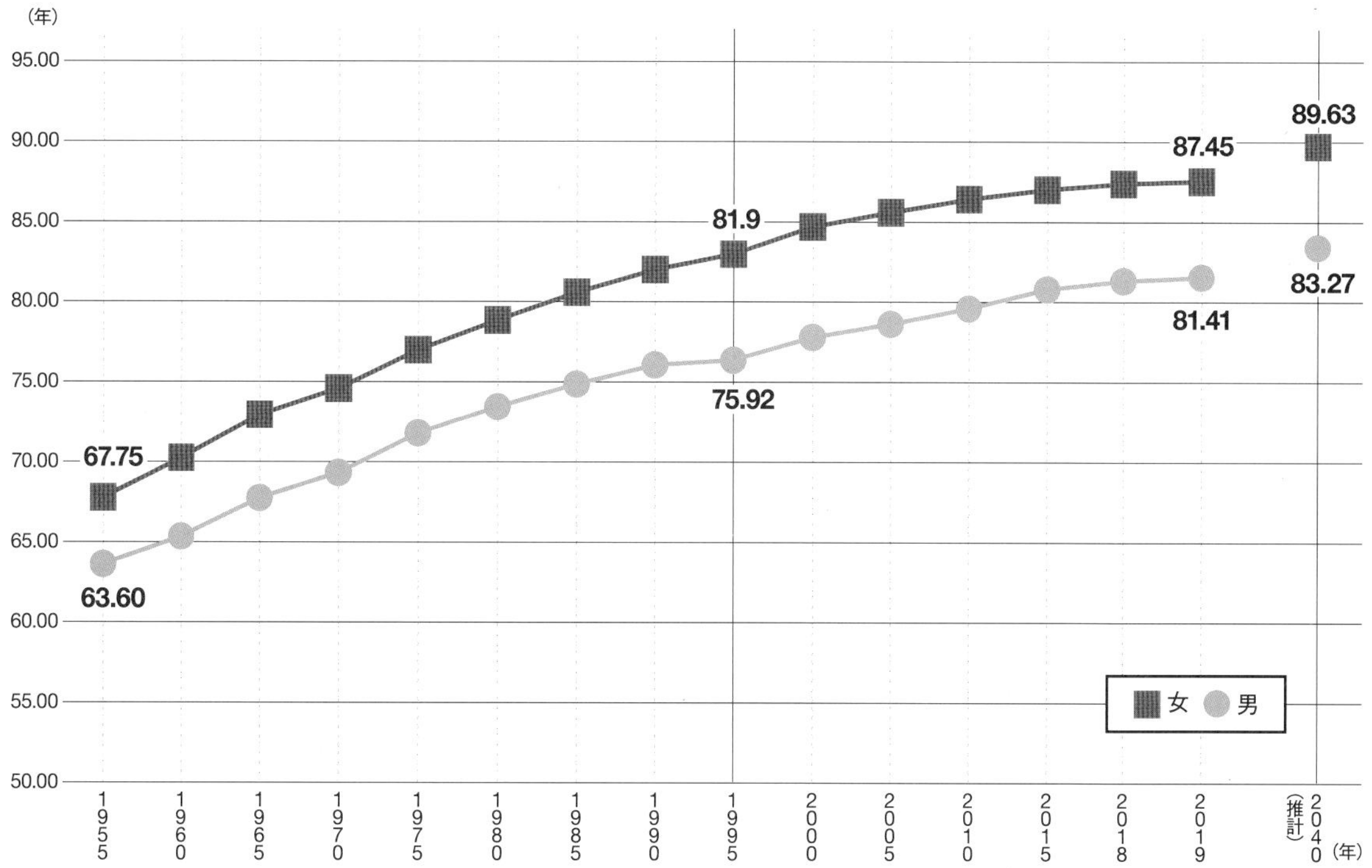

厚生労働省ホームページより

長い老後の人生に備える

お金がさらに必要になる「人生100年時代」だから「先取りの鉄則」を実践！

退職金も公的年金も環境が悪くなっていく将来において、私たちの平均寿命は確実に伸びています。「人生100年時代」を不安なく生きるためには、長く働き、賢く貯めることが重要になってきます。

「先取りの法則」で人生１００年時代に備える

「人生１００年時代」という衝撃的な言葉はもはや一般的なものとなりました。実際に私たちの寿命は年々伸びており、１００歳までとは言わなくても１００歳近くまで生きることを前提に人生設計をすべき時代がやってきました。

退職後のお金の環境も年々悪化し続けています。たとえば、退職金の平均給付額は減少傾向が続いている上、退職金所得控除の縮小という形で退職金への実質的な「課税」も強化されています。また、年金財政の状況を考えると、将来の公的年金は悪くなることはあっても、よくなることは期待できそうにありません。この厳しい環境の中で私たちは長い人生を生き抜いていかなければなりません。

この「人生１００年時代」に私たちはどう対処していけばよいのでしょうか。

１つには、健康な時間が長くなることを活かして「長く働く」ことが考えられます。そして、もう１つの対処法として、現役時代から戦略的に老後資金を作ることが大事になってきます。

資金作りを無理なく行うためのテクニックとして、「先取りの鉄則」をご紹介します。

月々の給料で生活し、余ったお金を着実に貯蓄していくことは意外に難しいもの。そこで、月々の収入から「先取り」して積立貯蓄を行います。給料が振り込まれたらまず決めた金額を貯蓄に回し、残りの金額で生活するのです。

月々５０００円を積立貯蓄する場合は１日あたり１７０円、１万円なら３３０円の節約で済みます。コーヒー１杯を我慢するつもりで、先取り貯蓄を行いましょう。

半年程度の生活費が貯まったら、積立投資に切り替えます。過去20年のデータによれば、毎月１万円を全世界株式に投資する投資信託で積み立てた場合、２４０万円の投資額が６２４万円に増えました。今後の投資で過去とまったく同じ成果が得られるわけではありませんが、運用の効果がおわかりいただけると思います。

図4 貯蓄は収入(給料)からの「先取り」で!

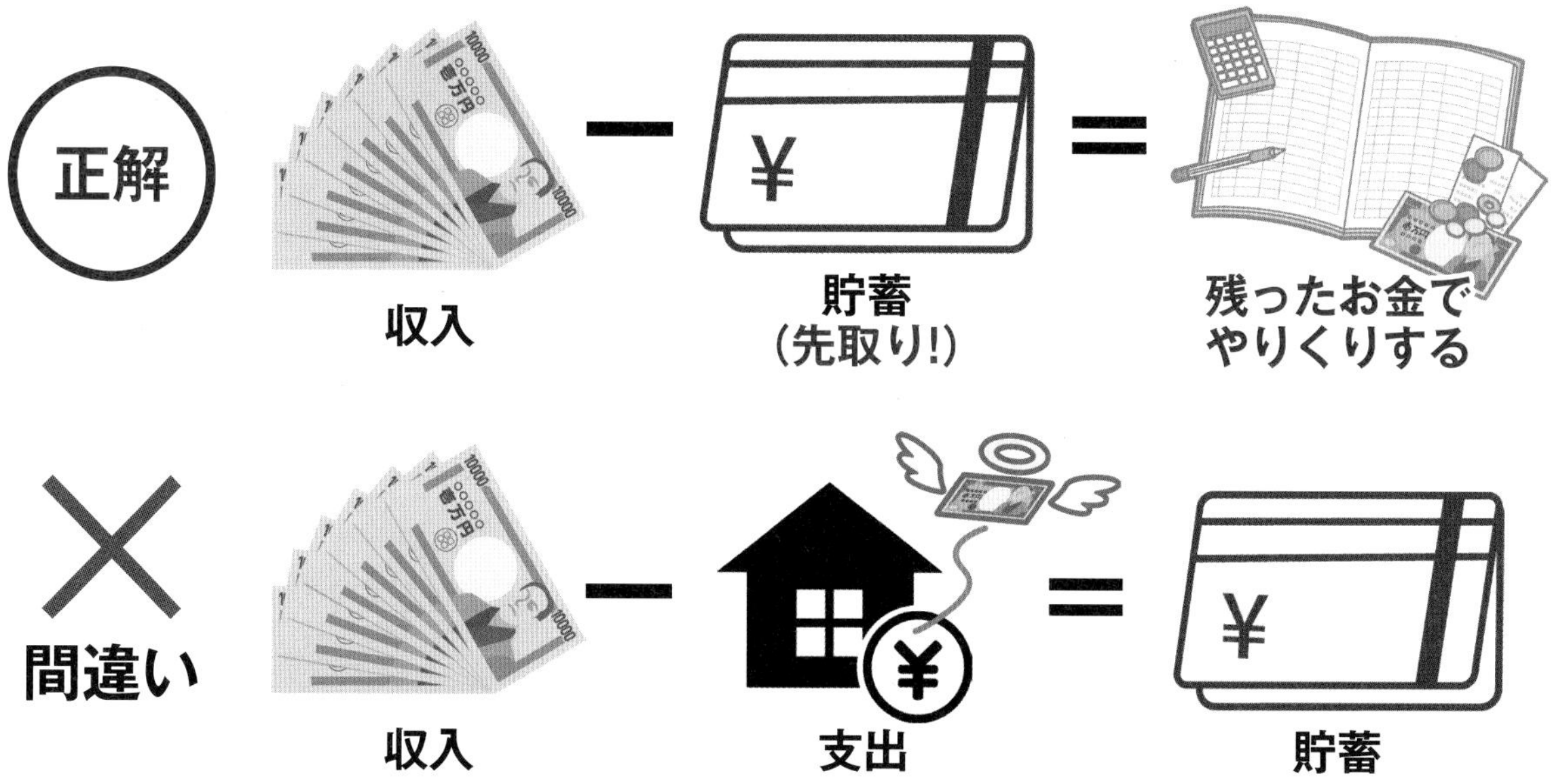

給料から生活費を引いた残りを貯蓄に回すのではなく、先に貯蓄して残ったお金でやりくりする。月5000円なら1日あたり170円の節約で作れる。

図5 積立投資で無理なくお金を増やす

●長期・分散・積立投資の効果

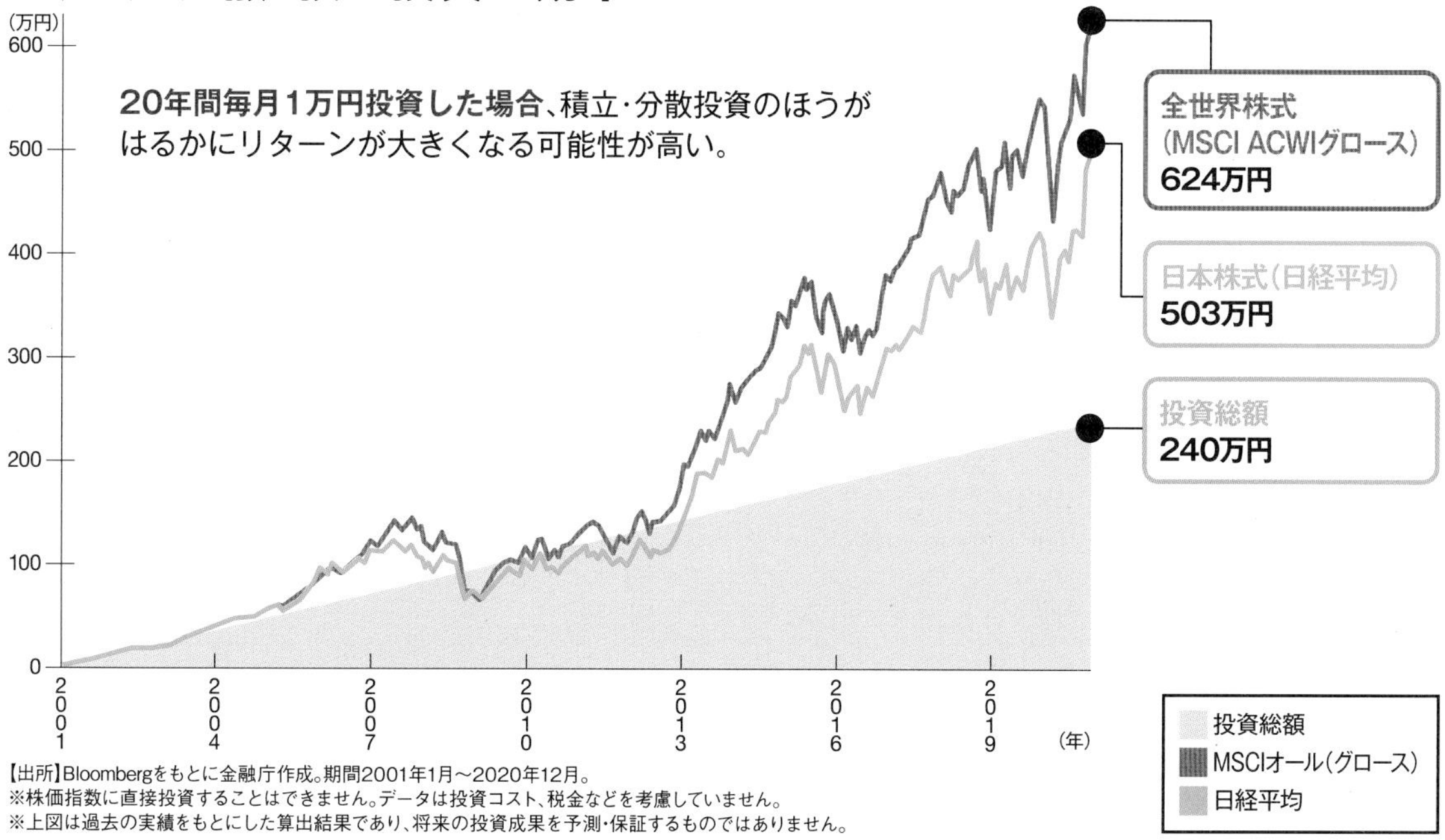

【出所】Bloombergをもとに金融庁作成。期間2001年1月～2020年12月。
※株価指数に直接投資することはできません。データは投資コスト、税金などを考慮していません。
※上図は過去の実績をもとにした算出結果であり、将来の投資成果を予測・保証するものではありません。

金融庁「つみたてNISA早わかりガイドブック」より

制度改正で運用機会が拡大！

今すぐつみたてNISA & iDeCoで資産運用！

制度改正で運用期間や投資金額の上限が緩和され、ますます利用しやすくなった2種類のNISAとiDeCo。まずはこれらの制度の基本情報を理解し、第1章以降の「運用テンプレート」で実際の運用方法を学んでいきましょう。

2種類のＮＩＳＡとｉＤｅＣｏについて知る

ＮＩＳＡには「一般ＮＩＳＡ」と「つみたてＮＩＳＡ」があります。ともに新規の投資ができるのは２０２３年末までで、２０２４年からは新制度に移行します。まずは現行の制度から解説します。

一般ＮＩＳＡでは年間１２０万円を上限に投資できます。２０２３年に投資した分は、２０２７年までの５年間、株や投資信託の配当金・分配金や、売却時の値上がり益（譲渡益）が非課税になります。一方、つみたてＮＩＳＡは年間40万円を上限に投資でき、２０２３年に投資した分は、２０４２年までの20年間、同様に非課税の恩恵を受けることができます。

２０２４年からの新制度では、2つのＮＩＳＡは１つに統合され、つみたてＮＩＳＡは「つみたて投資枠」、一般ＮＩＳＡは「成長投資枠」とそれぞれ名称を変えます。両枠とも非課税期間は無期限となり、生涯非課税限度額が最大１８００万円（うち成長投資枠が１２００万円まで）となります。そのため、長期にわたって積立投資が行える20代～30代の人にも、すでに多くの資産を保有する人や50代、60代以降の人にとっても、新しいＮＩＳＡ制度は使い勝手の良い制度になりました。

資産形成でぜひ活用したい、もう１つの優遇制度が、ｉＤｅＣｏです。こちらは老後資金形成に特化した制度で、投資した資金は原則、60歳まで引き出せません。その代わり、掛金を全額、所得控除（※）でき、さらに運用期間中の値上がり益や分配金にかかる税金が非課税になるなどの節税メリットがあります。

ｉＤｅＣｏの制度では２０２２年に受給開始年齢が75歳まで引き伸ばされ、60歳以降も会社員として働く人は、65歳まで加入期間を延長できるようになりました。また、従来は、すでに「企業型確定拠出年金」に加入している人がｉＤｅＣｏに加入できないケースがありましたが、この制限が緩和され、月額２万円以内の掛金で加入できるようになりました。

※「控除」は「差し引く」という意味。課税の対象となる所得が多いほど税金は高くなるが、所得控除で所得金額が減れば、税金も安くなる。

図6 NISA制度が大きく変わる

2024年1月から始まる新しいNISA制度のイメージ

	年間投資枠	非課税保有期間	非課税保有限度額	口座開設期間	投資対象	対象者	現行制度との関係
つみたて投資枠	120万円	無期限化	1,800万円（うち成長投資枠の限度額は1,200万円）	恒久化	現行のつみたてNISA対象商品と同様	18歳以上	2023年末までに現行NISA制度で投資した商品は、新しい制度の外枠で、現行制度における非課税措置を適用
併用可							
成長投資枠	240万円				上場株式・投資信託等※		

出典：金融庁

図7 iDeCo新制度での主な変更ポイント

●事業主掛金が少ない人でも利用しやすくなった

これまで企業型DC（確定型拠出年金）加入者がiDeCoに加入するためには企業型DCの規約の定めが必要で、事業主掛金が低い人は拠出可能な枠が十分あるにもかかわらず、iDeCoに加入できませんでした。しかし2022年10月から、企業型DCの規約の定めは不要となりました。企業型DCのみに加入する人は、月額5万5000円から各月の企業型DCの事業主掛金を控除した余りの範囲内（上限2万円）で、iDeCoの掛金を毎月拠出できるようになりました。

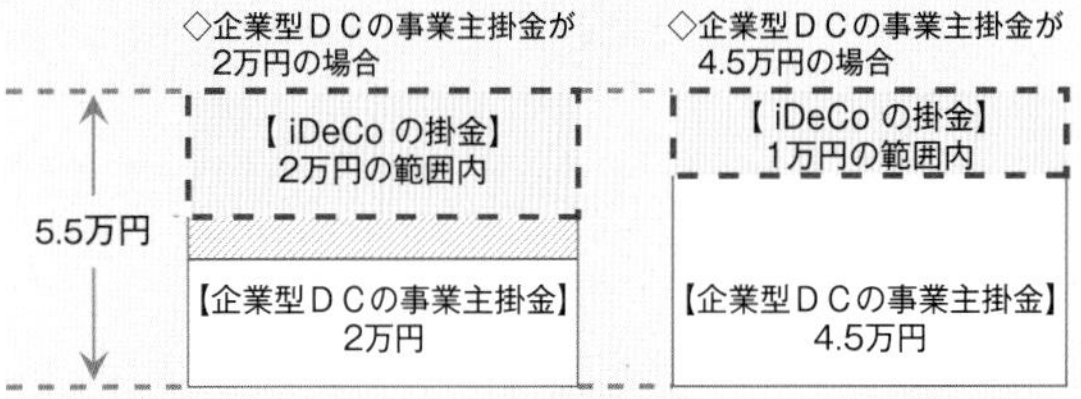

出典：企業型DC加入者・事業主向けiDeCoのパンフレット（厚生労働省）

Column

2024年の制度廃止後も、非課税で資産運用ができる ジュニアNISA

ジュニアNISA（未成年者少額投資非課税制度）とは、子どもの将来に向けた資産形成をサポートするために導入された制度で、一般NISA同様、運用で得た利益が一定の条件内で非課税になります。

ジュニアNISAが利用できる（＝口座を開設できる）のは、0〜17歳までの未成年者です。非課税枠は、年間80万円まで。非課税期間は最長5年です。

ただし、ジュニアNISAで新たに投資できるのは2023年までとなっています。そのため、いまから始めても意味がないと考える人もいるようですが、それは誤解です。2023年に始めても、80万円まで投資できます。成人になるまで非課税で保有でき、18歳になった翌年の1月1日には成人用NISA口座が自動的に開設されます。また、制度終了時に18歳になっていない場合、5年の非課税期間を終了した資産は継続管理勘定に移管し、18歳まで非課税で運用することができます。2024年以降は理由を問わず非課税での払い出しも可能になります。

このように、今からでも十分メリットはありますので、未成年のお子さんがいらっしゃるご家庭では、ぜひこのジュニアNISAの活用もおすすめします。

図8　18歳になる前にジュニアNISA制度が終了する場合

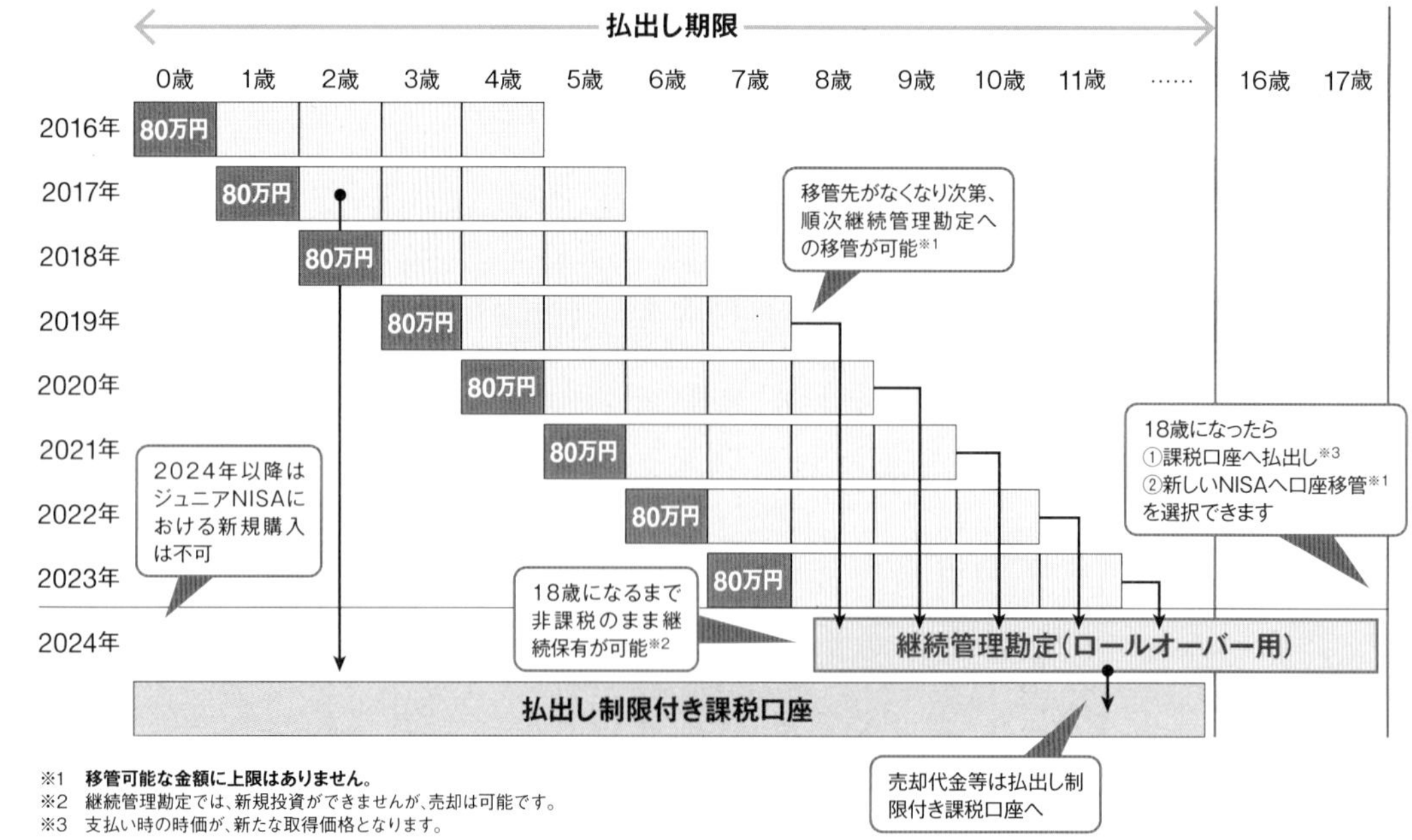

※1　**移管可能な金額に上限はありません。**
※2　継続管理勘定では、新規投資ができませんが、売却は可能です。
※3　支払い時の時価が、新たな取得価格となります。

金融庁ホームページより

第1章

知識ゼロからの資産運用 そのままでも使える運用テンプレート

基本編

まずはこれだけ覚えよう!

これだけは知っておきたい

基本中の基本 資産運用に関する 用語集

資産運用に最低限必要な用語を覚えよう

この章では初心者でもすぐにそのまま使える
「運用テンプレート」をご紹介しますが、
そのテンプレートを使いこなすために最低限必要な用語をまず解説します。

ポートフォリオ

●ポートフォリオ

ポートフォリオは元々は「紙ばさみ」「書類カバン」という意味で、複数のものを1つにまとめた状態のことを指します。資産運用でこの言葉を使うときは、株式A、株式B、投資信託C、投資信託Dなど個別の金融商品の組み合わせを指し、その組み合わせを考えることを「ポートフォリオを組む」などといいます。

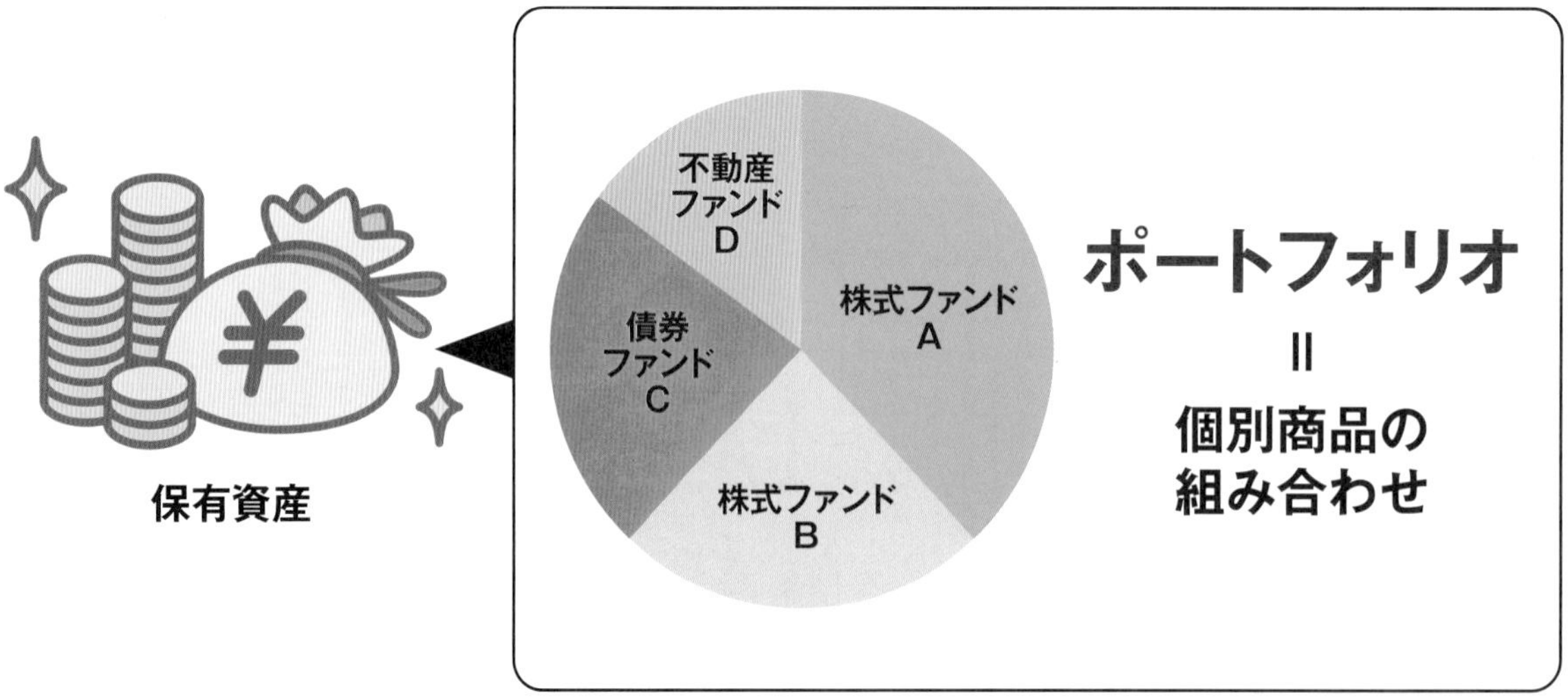

投資信託（ファンド）

●投資信託（ファンド）

投資信託（ファンド）とは、投資家から集めたお金を1つの大きな資金としてまとめ、それを運用のプロが株式や債券などに投資・運用する商品です。運用して得た利益は、投資家が投資した額に応じて分配されますが、運用がうまくいかず投資した額を下回って、損をすることもありますので注意が必要です。

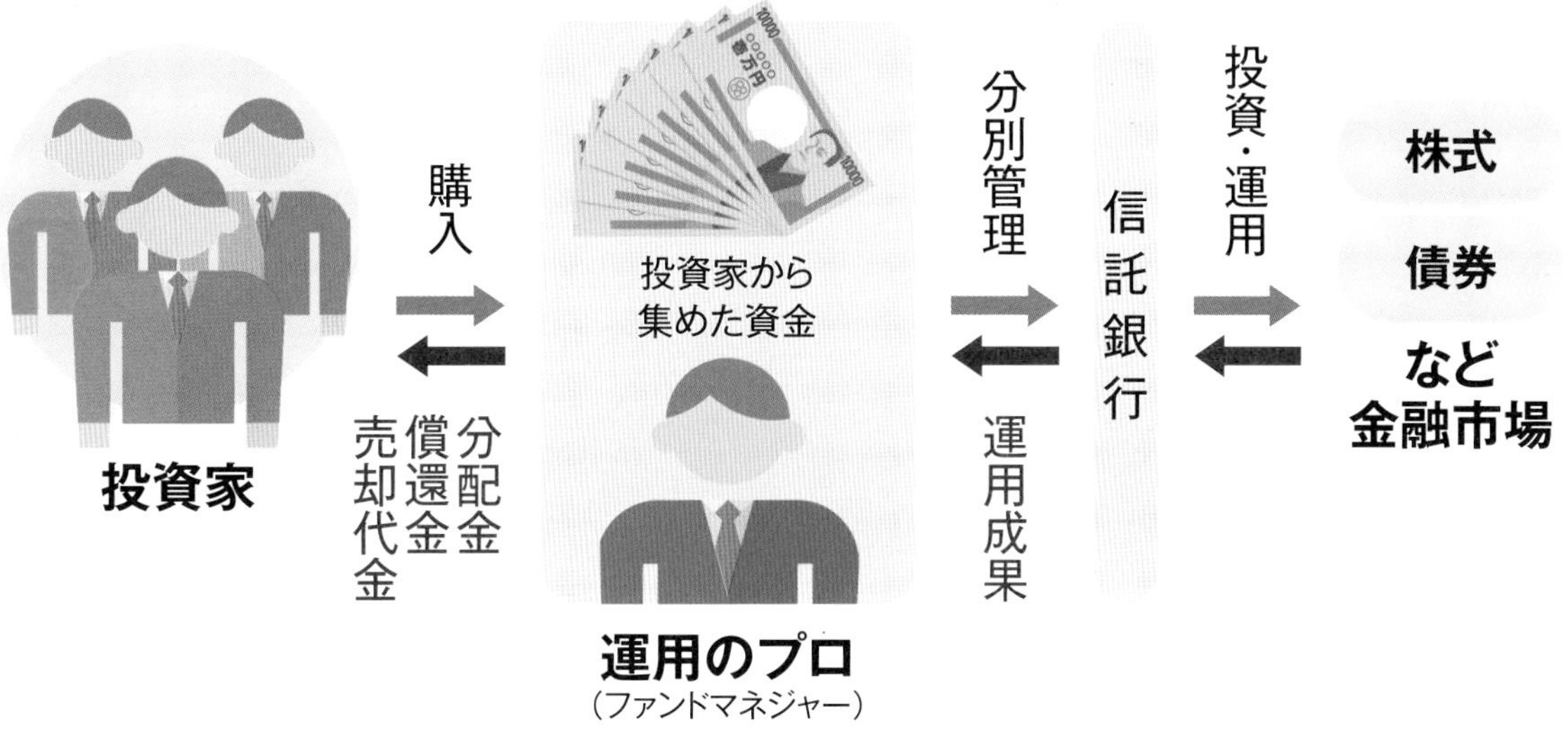

長期分散積立投資

●長期分散積立投資

長期は「目安として10年以上の長期間投資を続けること」、分散は「1つの資産（株式や債券など）でなく、さまざまな国や資産に分散して投資すること」、積立は「毎月1万円でもコツコツと積立を続ける」ことです。複利の効果（24ページ参照）やリスクの低減など、さまざまなメリットが期待できる投資法です。

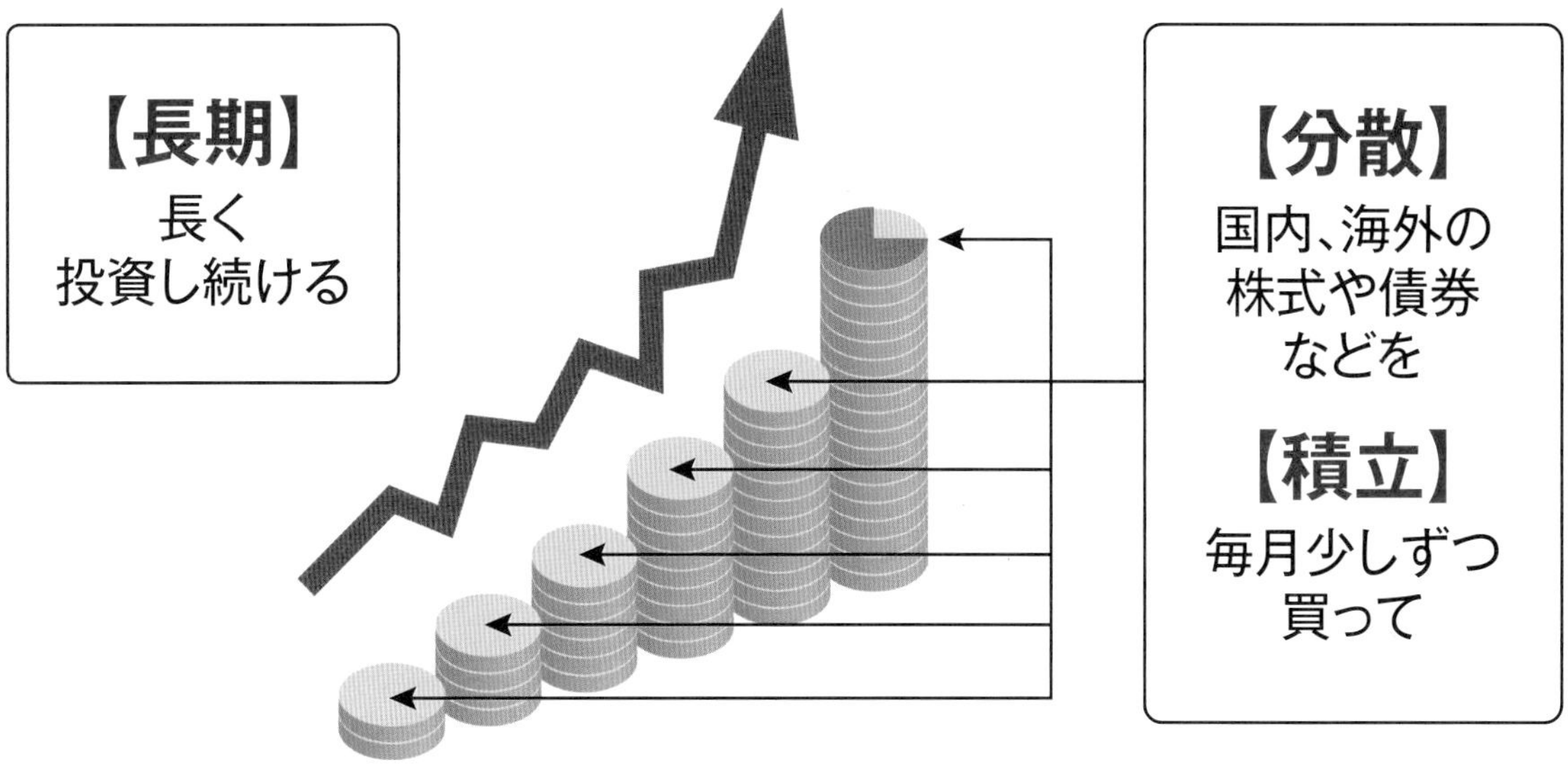

年金制度

●年金制度

わが国の年金制度は3階建ての構造になっています。1階部分は日本に住む20～60歳のすべての人が加入する国民年金。2階部分は会社員や公務員が加入する厚生年金。1階と2階部分は「公的年金」と呼ばれ、3階部分はこれらの公的年金では足りない部分を補うために任意で加入する「私的年金」です。

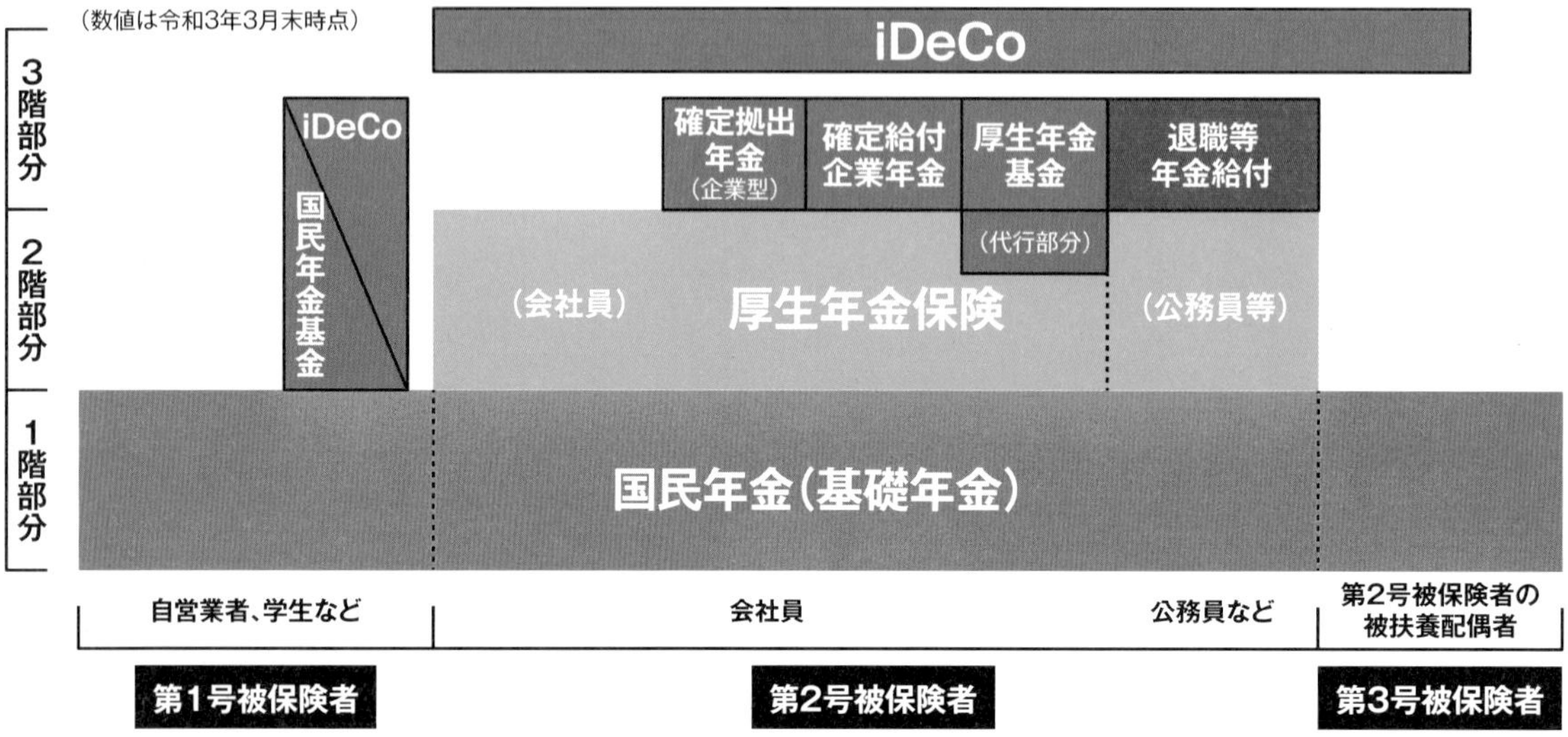

参照:厚生労働省ホームページ

複利の効果

2024年からの「NISA恒久化」でさらに複利効果が大きく!

●複利効果

複利効果とは、運用で得た利益をふたたび投資(再投資)することで、利益が利益を生んで利益はさらに膨らんでいきます。「複利」に対する言葉は「単利」といい、運用で得た利益を再投資せずに運用する方法です。投資期間が長いほど複利の効果は発揮され、複利と単利で運用の結果に大きな差が出てきます。

投資期間と複利効果の関係

投資リターン(投資収益率)を年10%と仮定した場合、複利効果を利用した場合と利用しなかった場合では**約60万円**の差がつく。

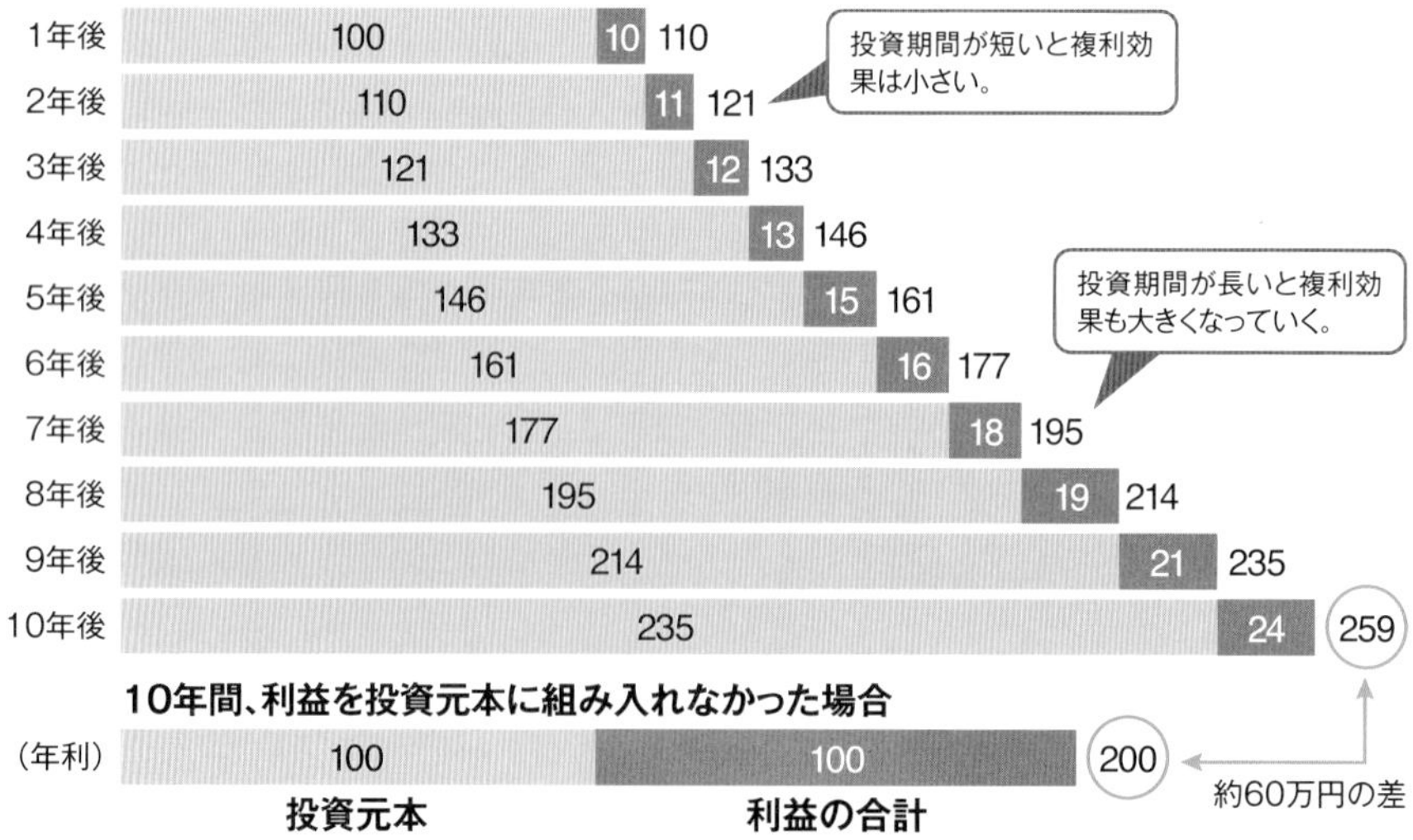

その年の投資元本(単位:万円)
その年の利益(投資収益率:年10%を想定)

参照:金融庁ホームページ

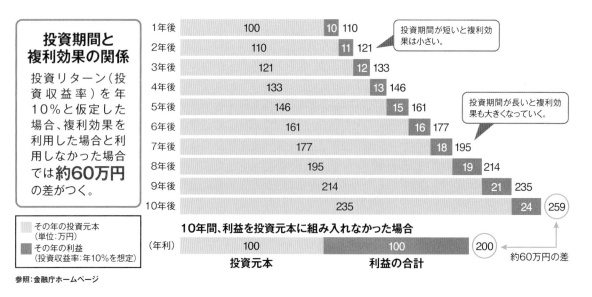

リスクとリターン❶

●リスクとリターン①

リターンは資産運用から得られる「利益」のことです。実際には資産運用で儲かることもありますが、損をすることもあります。一方のリスクは一般的に「危険」や「不確実さ」といわれますが、資産運用の世界では「リターンの変動幅」のことをいいます。リスクが高いと、大きく損をすることがある一方で大きく利益が出ることもあります。

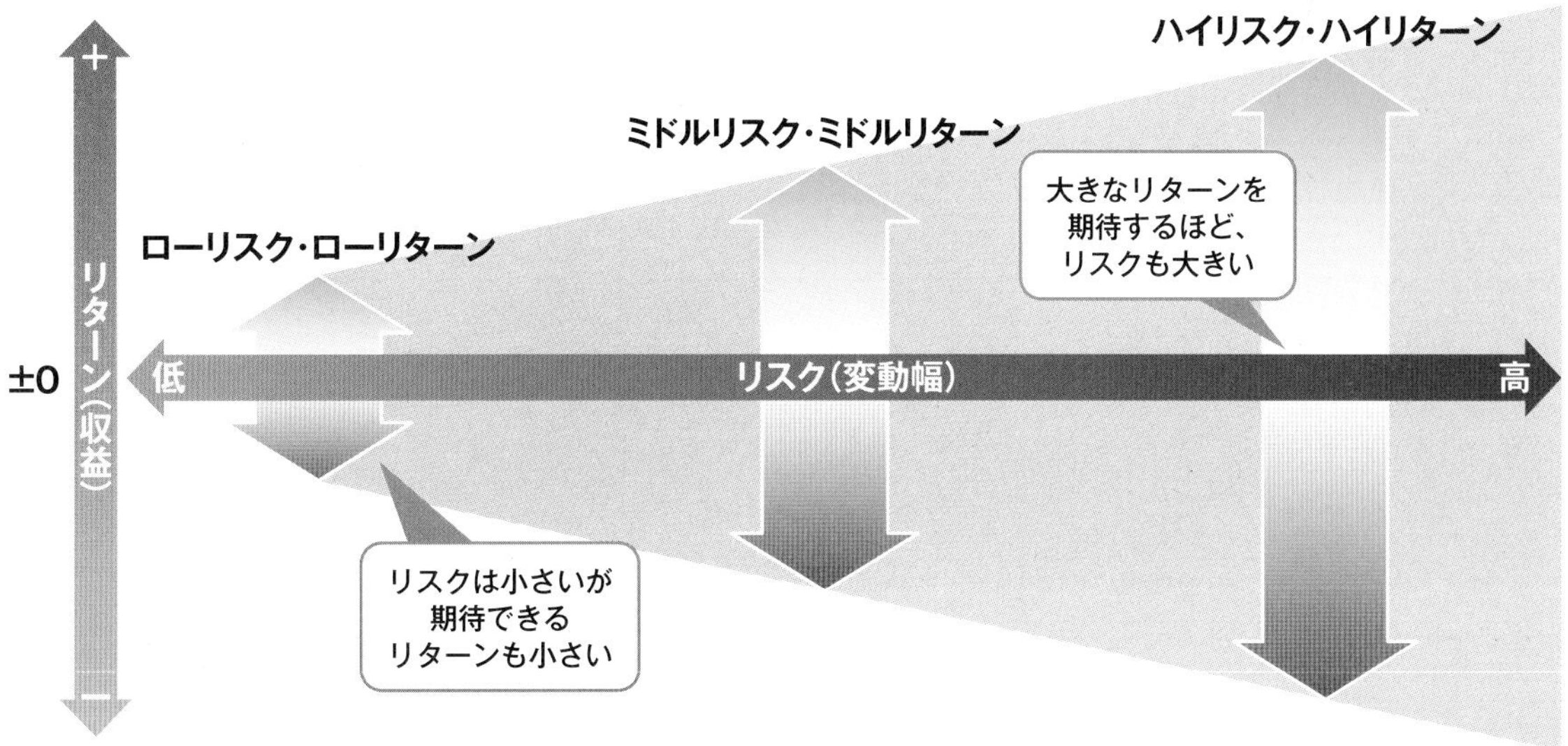

リスクとリターン❷

●リスクとリターン②

金融商品は、高いリターンを得ようとすると、高いリスクを覚悟しなければならないのが原則です。下図の中では株式がハイリスク・ハイリターン、預貯金がローリスク・ローリターンの部類に入り、投資信託は商品によってリスク・リターンに違いがあります。

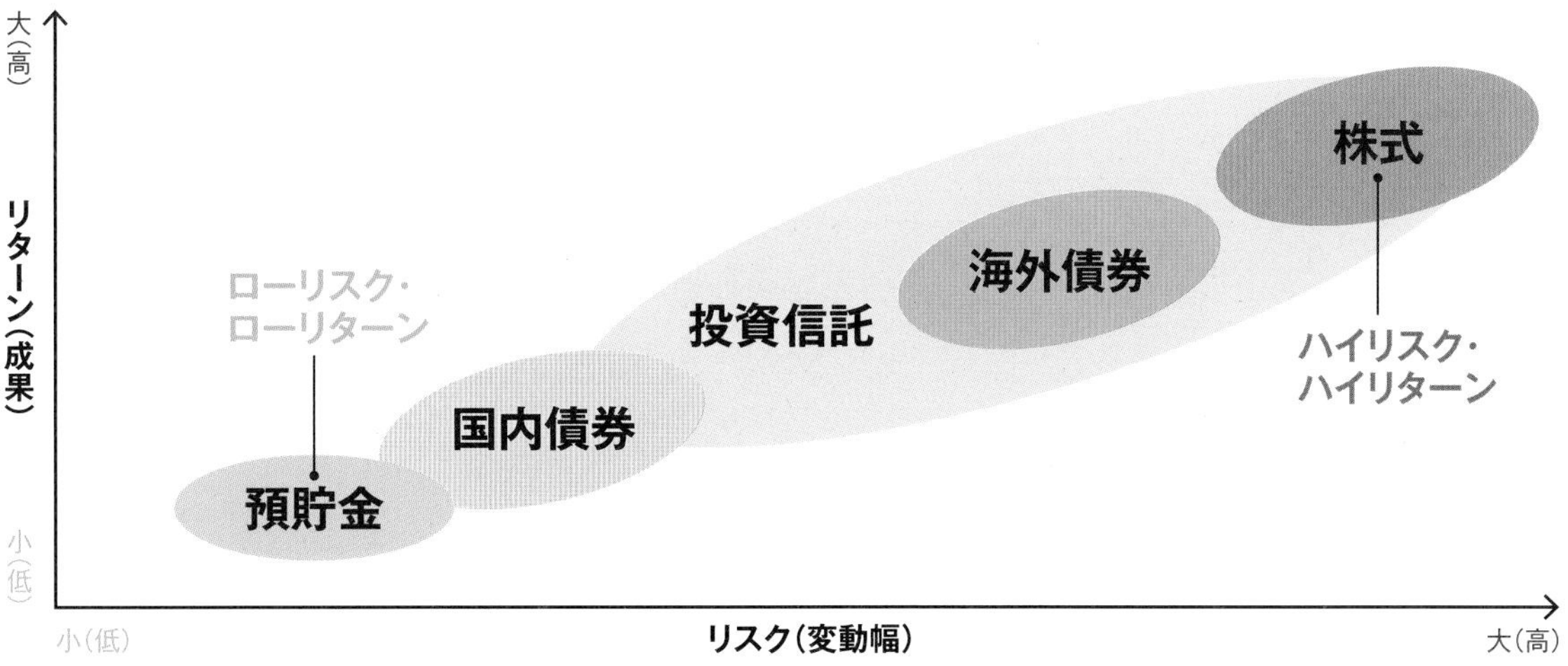

※これは一般的なイメージ図であり、すべての金融商品があてはまるものではありません。

初心者でも
そのまま
使える

年代別・家族構成別 運用テンプレート

テンプレートをそのまま使ってみよう！

本書では投資初心者でもすぐに使える資産運用ポートフォリオの「テンプレート」を用意しました。たとえば、20代共働き夫婦のケースは、左ページのような形でつみたてＮＩＳＡ、ｉＤｅＣｏを活用して運用するためのポートフォリオをご紹介しています。

それぞれのテンプレートにはいくつかのグラフが表示されています。グラフには個別商品の組み合わせではなく、投資地域や資産種類の組み合わせである「アセットアロケーション」が示されています。これはポートフォリオのリスクの大きさを直感的に理解していただくためです。

株式の割合が大きいグラフほどリスクが高く、債券の割合が高いグラフほどリスクは抑え目の組み合わせと考えてください。また、投資する地域は、できるだけ国内に偏らず、世界中に分散して投資できる商品を選ぶことを意識しましょう。

それぞれのグラフの下部には、商品候補のリストが示されています。実際につみたてＮＩＳＡやｉＤｅＣｏで利用できる投資信託から選別しています。

ただ、皆さんが利用する証券会社によって、利用できない商品もあります。そのため、複数の商品を選んでいますが、リストの中から1つだけ商品を選んで投資するだけで、テンプレートのグラフに示された資産割合での投資が実現できるようになっています。

ここでは20代から60代以上までの世代ごとにさまざまな家族構成の10ケースを取り上げテンプレート化しています。できるだけ幅広く取り上げたいところですが、残念ながら限界があります。ご自身に事情が一番近いケースを探して参考にしてください。

資産運用は単なるお金を増やす手段ではなく、私たちのライフプランの実現を手助けしてくれる道具です。株式ばかりに投資すれば大きく増えるかもしれませんが、リスクは高くなります。ｉＤｅＣｏを活用すれば節税効果は高いかもしれませんが、お金のやりくりに苦労するかもしれません。

各ケースの右ページには、家族構成や年代、ライフステージによって異なる、資産運用に期待する役割や注意すべきポイントを解説しています。ポートフォリオを選ぶ際の参考にしてください。

資産運用は自転車のようなものです。書籍等で一生懸命勉強するだけでは乗れるようにはなりません。乗ってみれば、思ったよりも簡単に乗れるようになるものです。

なお、つみたてＮＩＳＡとＮＩＳＡについては、２０２４年から新制度の下で統合されますが、基本的なポートフォリオの考え方と商品選定のルールは変わりませんので、本書の内容をそのままお使いいただいて大丈夫です。

図9 運用テンプレートの見方

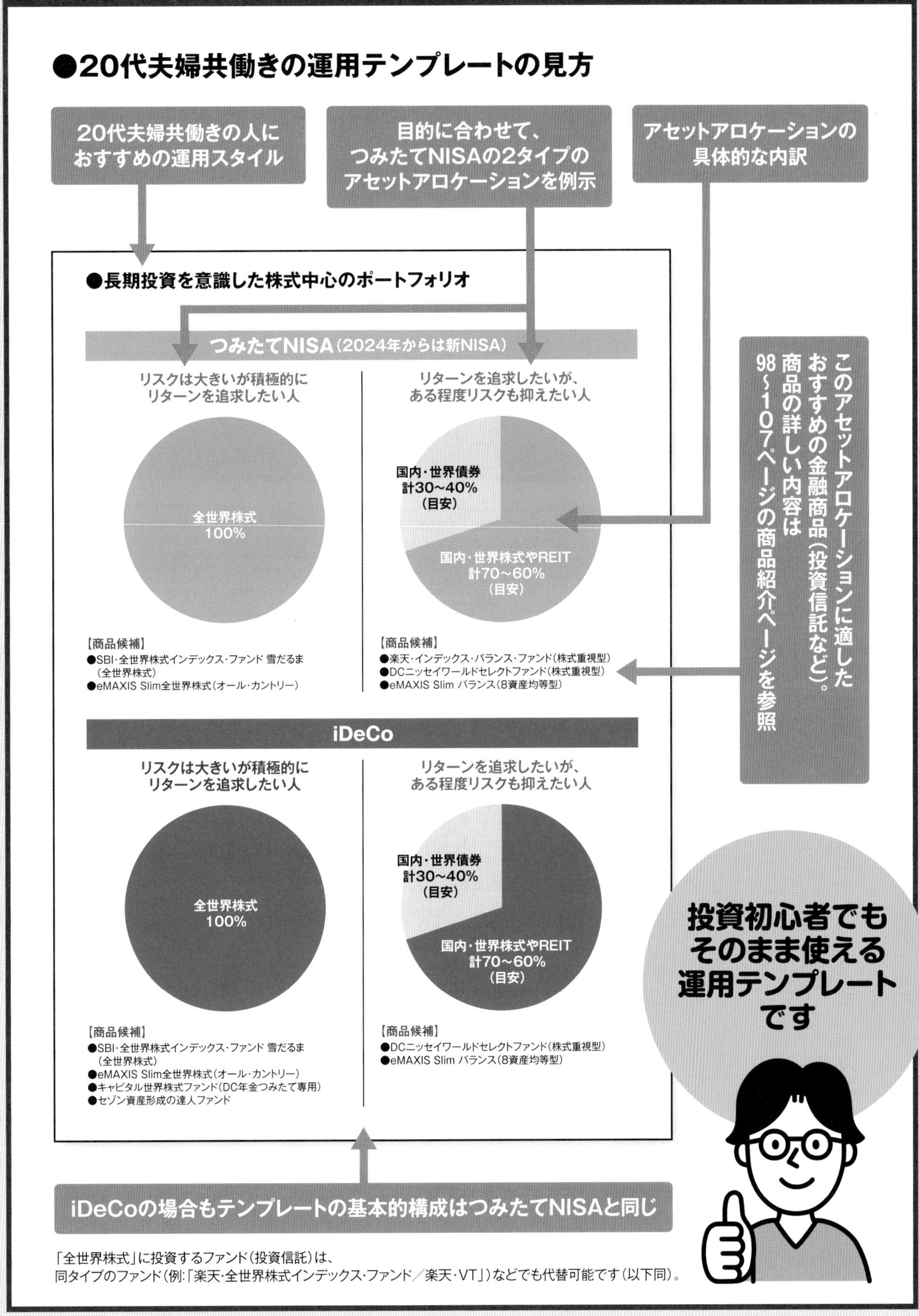

「全世界株式」に投資するファンド（投資信託）は、
同タイプのファンド（例：「楽天・全世界株式インデックス・ファンド／楽天・VT」）などでも代替可能です（以下同）。

20代

独身・会社員の運用テンプレート

貯蓄が十分でない場合は、まず生活費の半年分程度の貯蓄を

20代

独身・会社員の方は……

①自己投資など社会人としての基礎を築くための資金作り、②貯蓄習慣を身につけるための期間、という2点を意識しましょう。

社会人になりたて、かつ独身で、資産運用の経験がほとんどない20代の人には、次の2つのことをやってほしいと思います。

まず1点目として、社会人としての基礎を築くため、生活費の半年分を目標にお金を貯めます。具体的には、月の生活費を20万円として、半年分で１２０万円が目標です。これだけあれば、収入が一時的に途絶えるような事態への備えになりますし、資格取得など自己投資の費用も作れるでしょう。

2点目として、この時期に「お金を貯める習慣」を身につけます。１２０万円という金額は、生活費を払って余ったお金を貯めた程度では簡単に作れません。そこで、給料などの収入から一定額を貯蓄に回し、残ったお金で節約しながら生活する「先取り貯蓄」を行いましょう。月5万円貯めるなら、１２０万円を貯めるのに2年かかります。この間に貯蓄する生活習慣が身につきますし、実際にお金が貯められるという自信もつくでしょう。

次の段階では、積み立てる預貯金の一部を積立投資に回していきます。投資には、預貯金にない「長い期間でじわじわ増えていく」パワーがあります。将来の結婚、出産、マイホーム取得といったライフイベントへの準備として、節税メリットがあり、途中で引き出しも可能なつみたてＮＩＳＡ（２０２４年からは新ＮＩＳＡ）から投資をスタートしてみましょう。

20代は運用期間を長く取れるので、全世界株式が70％程度を占めるバランス型のファンドがおすすめです。残りの30％程度は株式と値動きが異なる債券に投資され、分散効果でリスクが軽減されます。より積極的に増やしたい人は、全世界株式１００％のファンドもいいでしょう。

20代 独身・会社員の運用テンプレート

●まずはシンプルにつみたてNISA1本でスタート!

つみたてNISA（2024年からは新NISA）

リスクは大きいが積極的に
リターンを追求したい人

【商品候補】
- ●SBI・全世界株式インデックス・ファンド 雪だるま（全世界株式）
- ●eMAXIS Slim全世界株式（オール・カントリー）

リターンを追求したいが、
ある程度リスクも抑えたい人

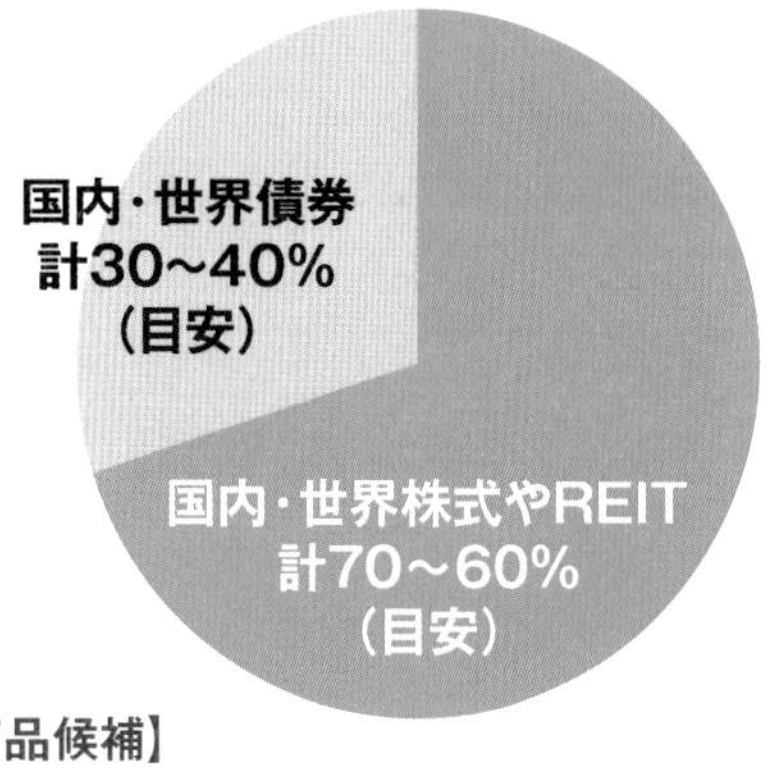

【商品候補】
- ●楽天・インデックス・バランス・ファンド（株式重視型）
- ●DCニッセイワールドセレクトファンド（株式重視型）
- ●eMAXIS Slim バランス（8資産均等型）

バランス型ファンドというのはどういう商品なの？

A

株式やREIT（不動産投資信託）など値動きの大きい資産と、債券などの値動きがマイルドな資産を組み合わせ、資産全体の値動きを抑える、文字通り「バランス」を重視したファンドです。

なぜつみたてNISAから始めたほうがいいの？

A

つみたてNISAでは、ファンドの値上がり益や分配金にかかる20.315%の税金がかかりません。投資期間中にいつでも売ることができ、住宅取得や子どもの教育費など、ライフイベントに応じて換金できる点もメリットです。

20代

夫婦共働きの運用テンプレート

家計の収支に余裕があり、ハイペースに資産形成できる「貯め時」

夫婦共働きの方は……

ポイントとして、①家族のライフイベントを意識した積立額の設定、②積立投資を継続するために頑張りすぎないこと、という2点が重要です。

夫婦共働きでまだ子どもがいないこの時期は、人生で最もハイペースでお金を資産形成に回すことができます。この先、家を購入したり子育てが始まったりすると、何かとお金が出ていくようになり、夫婦ともに忙しくなります。夫婦のどちらかが仕事をペースダウンすれば、収入も減るでしょう。資産作りはその前に始めておきましょう。ここでも大事なのは、収入から天引きで貯蓄や投資に回す「先取りの鉄則」です。

貯蓄がない場合は、まず半年分の生活費を、「先取り」で貯めます。ある程度お金が貯まったら、非課税で投資できるつみたてNISAを活用。余裕があれば、老後の資金作りに特化したiDeCoも併用して資産形成を始めましょう。

この時期における資産形成のポイントは2つあります。1つ目は、住宅購入や子どもの教育費など、将来のライフイベントに備えることです。そのために、毎月どの程度を積立に回すかを具体的に計算しておくと安心です（※）。

将来のライフイベントに対する準備にはつみたてNISA（2024年からは新NISA）が役立ちます。途中で売却し引き出すことができ、利益を非課税で受け取れます。まだ家計に余裕があるなら、老後資金作りでiDeCoも活用しましょう。ただし、60歳まで取り崩せないので積立しすぎには要注意です。

また、勢い込んで「貯めすぎない」ことです。もし夫婦でつみたてNISAを月3万3000円、iDeCoを月2万3000円利用すると、2人合計で毎月11万2000円を運用できます。とはいえ、それで生活が苦しくなっては元も子もありません。枠を使い切ることより、積立を長く続けることを重視しましょう。

※将来必要な資産の計算には、金融庁の「資産運用シミュレーション（77ページ参照）」などが便利です。

20代　夫婦共働きの運用テンプレート

●長期投資を意識した株式中心のポートフォリオ

つみたてNISA（2024年からは新NISA）

**リスクは大きいが積極的に
リターンを追求したい人**

【商品候補】
- ●SBI・全世界株式インデックス・ファンド 雪だるま（全世界株式）
- ●eMAXIS Slim全世界株式（オール・カントリー）

**リターンを追求したいが、
ある程度リスクも抑えたい人**

【商品候補】
- ●楽天・インデックス・バランス・ファンド（株式重視型）
- ●DCニッセイワールドセレクトファンド（株式重視型）
- ●eMAXIS Slim バランス（8資産均等型）

iDeCo

**リスクは大きいが積極的に
リターンを追求したい人**

【商品候補】
- ●SBI・全世界株式インデックス・ファンド 雪だるま（全世界株式）
- ●eMAXIS Slim全世界株式（オール・カントリー）
- ●キャピタル世界株式ファンド（DC年金つみたて専用）
- ●セゾン資産形成の達人ファンド

**リターンを追求したいが、
ある程度リスクも抑えたい人**

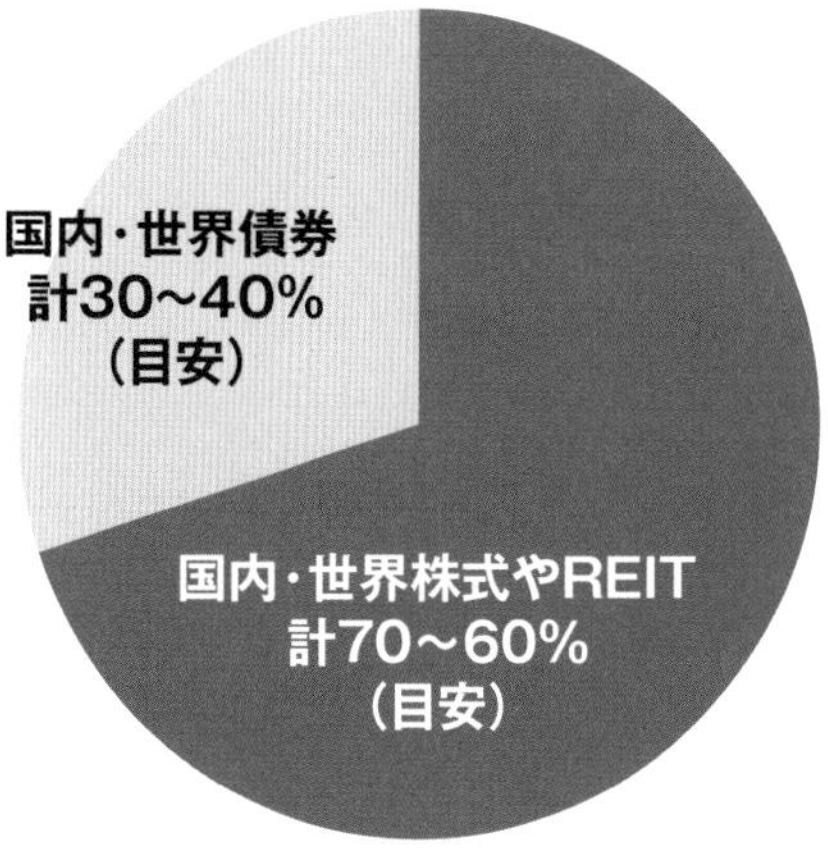

【商品候補】
- ●DCニッセイワールドセレクトファンド（株式重視型）
- ●eMAXIS Slim バランス（8資産均等型）

30代

会社員
夫婦＋子どもの
運用テンプレート

間近に控えるライフイベントを見据えた家計のやりくりと資産運用

夫婦、子ども世帯の方は……

（子どもの成長や、住宅購入などのライフイベントを計算に入れた資金計画を作ります。教育資金作りには貯蓄だけでなく積立投資も活用しましょう。）

夫婦ともに30代ですでにお子さんのいる世帯では、子どもの成長を見据えた資金計画が必要です。子どもが社会人となり一人立ちするまでの間に、いつ、どのくらいのお金が必要となるのかを計算して計画を立てましょう。

教育資金は確実に用意したいお金なので、リスクを取らず貯蓄だけで作ろうと考える人もいます。しかし、たとえば定期預金だけでまとまった資金を用意するには、毎回それなりの金額の積立が必要です。それで生活が苦しくなったり、必要な資金を作れなくなるのでは元も子もありません。

子どもが生まれてから、まとまった額の教育資金が必要となるまでに10年以上の余裕があります。長期間かけてお金を準備できるなら、投資による資産運用も組み合わせましょう。世界中の株式や債券などへ分散投資することでリスクを抑えつつ、長期に運用することで複利効果を味方につけ効率的に資金準備をしましょう。たとえばつみたてＮＩＳＡ（２０２４年からは新ＮＩＳＡ）を利用して、児童手当を原資に積立投資をしてみましょう。子どもの誕生から毎月１万円を積み立てていけば、15歳までに投資元本だけで約１８０万円を積み立てられます。運用の力を借りれば、さらにゆとりある教育資金作りができるでしょう。

一方、マイホームの頭金作りは教育資金より準備期間が短くなります。短期の投資は元本割れリスクも高いので、慎重に行います。場合によっては、老後の備えを含めた長期運用資金から、必要な時期に必要な分を取り崩さざるを得なくなるかもしれません。その意味では、ライフイベント資金に不安がある場合は、60歳までお金が引き出せないｉＤｅＣｏでの積立は無理をしないようにしましょう。

30代　会社員 夫婦＋子どもの運用テンプレート

●将来の教育費などを踏まえ、iDeCoへは無理をしない

つみたてNISA（2024年からは新NISA）

リスクは大きいが積極的にリターンを追求したい人

【商品候補】
- ●SBI・全世界株式インデックス・ファンド 雪だるま（全世界株式）
- ●eMAXIS Slim全世界株式（オール・カントリー）

リターンを追求したいが、ある程度リスクも抑えたい人

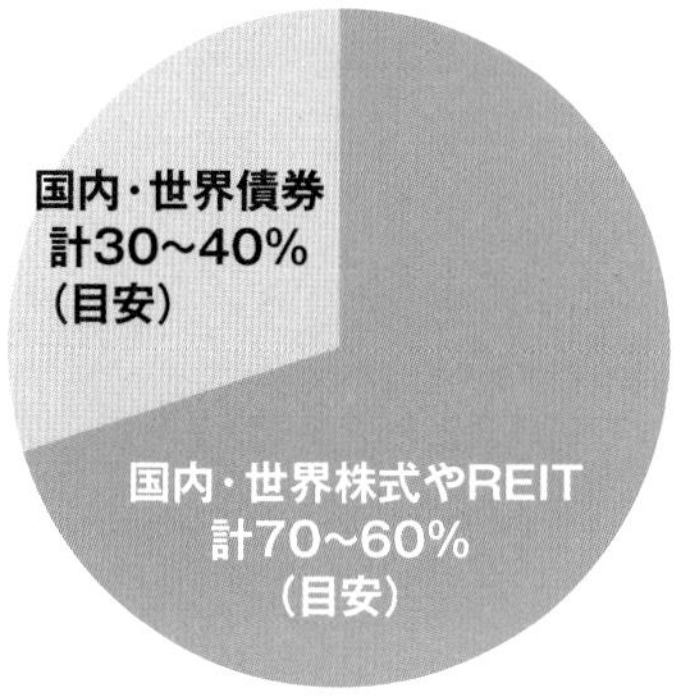

【商品候補】
- ●楽天・インデックス・バランス・ファンド（株式重視型）
- ●DCニッセイワールドセレクトファンド（株式重視型）
- ●eMAXIS Slim バランス（8資産均等型）

運用期間が短めの場合

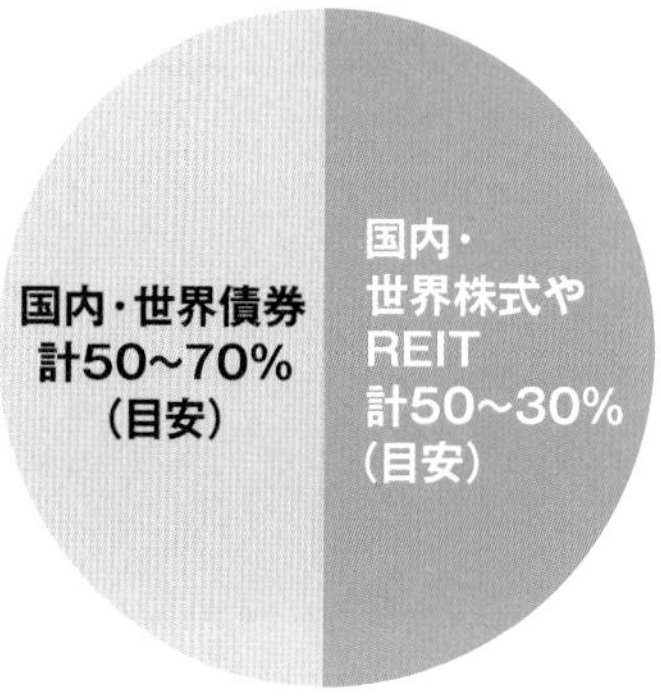

【商品候補】
- ●<購入・換金手数料なし>ニッセイ・インデックスバランスファンド（4資産均等型）
- ●セゾン・グローバル バランスファンド

iDeCo

リスクは大きいが積極的にリターンを追求したい人

【商品候補】
- ●SBI・全世界株式インデックス・ファンド 雪だるま（全世界株式）
- ●eMAXIS Slim全世界株式（オール・カントリー）
- ●キャピタル世界株式ファンド（DC年金つみたて専用）
- ●セゾン資産形成の達人ファンド

リターンを追求したいが、ある程度リスクも抑えたい人

【商品候補】
- ●DCニッセイワールドセレクトファンド（株式重視型）
- ●eMAXIS Slim バランス（8資産均等型）

30代

夫婦・自営業の運用テンプレート

老後資金作りを始めるにはもってこいの時期。ライフイベントも楽しんで

夫婦・自営業の方は……

収入に余裕のある世帯では老後資金作りを始めるのによい時期。iDeCoや国民年金基金を利用して着実に。住宅購入資金などの運用はリスクを抑えましょう。

自営業の世帯の場合は、フルタイムで共働きの家計が多く、子どもがいなければ比較的家計の余裕があるでしょう。しかし考えておくべきは、自営業の場合は、収入が不安定で将来受け取れる公的年金も少ないということです。

まず大切なのは、年金が受け取れるようになる65歳までのキャッシュフロー（日常の生活資金）のめどを立てることです。一時的に収入が減った場合でも、生活費を補塡できるだけの貯蓄を確保しておきましょう。そのうえで、生活費を圧迫しない程度に、適度な積立投資を行っていきます。資産を確実に増やすためには強制力も必要ですから、節税メリットのあるiDeCoやつみたてNISAを利用し、機械的に積み立てていきましょう。掛金が全額所得控除となるうえ、値上がり益や分配金に対する税金がかからないなど、節税効果が高いiDeCoはぜひ利用しましょう。資金を増やす力は小さいものの、やはり掛金が全額所得控除になる国民年金基金も利用することができます。

この2つを併用できますが、掛金は合算して、毎月6万8000円まで。夫婦合わせて満額で13万6000円、これを25年継続すれば4080万円を積み立てられる計算となり、ゆとりある老後としても十分な金額です。

住宅や車を購入する資金のように投資期間をそれほど長く取ることができない資金については途中で引き出すことができるつみたてNISA、もしくは一般NISA（2024年からは新NISA）を利用して、節税メリットを受けながら積み立てていきます。株式に投資する比率を50～30％に制限し、リスクを抑えながら増やすことを目指すバランス型ファンドを利用するのが賢明です。

30代 夫婦・自営業の運用テンプレート

●老後資金の積立は、節税効果の高いiDeCoを中心に

iDeCo

**リスクは大きいが積極的に
リターンを追求したい人**

【商品候補】
- ●SBI・全世界株式インデックス・ファンド 雪だるま（全世界株式）
- ●eMAXIS Slim全世界株式（オール・カントリー）
- ●キャピタル世界株式ファンド（DC年金つみたて専用）
- ●セゾン資産形成の達人ファンド

**リターンを追求したいが、
ある程度リスクも抑えたい人**

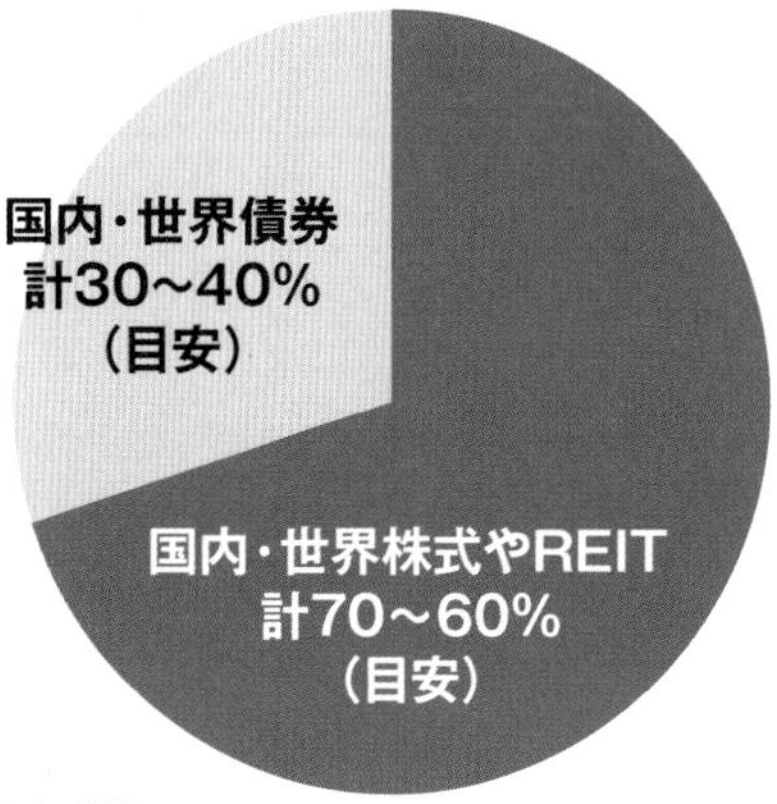

【商品候補】
- ●DCニッセイワールドセレクトファンド（株式重視型）
- ●eMAXIS Slim バランス（8資産均等型）

つみたてNISA（2024年からは新NISA）

**リスクは大きいが積極的に
リターンを追求したい人**

【商品候補】
- ●SBI・全世界株式インデックス・ファンド 雪だるま（全世界株式）
- ●eMAXIS Slim全世界株式（オール・カントリー）

**リターンを追求したいが、
ある程度リスクも
抑えたい人**

【商品候補】
- ●楽天・インデックス・バランス・ファンド（株式重視型）
- ●DCニッセイワールドセレクトファンド（株式重視型）
- ●eMAXIS Slim バランス（8資産均等型）

**運用期間が
短めの場合**

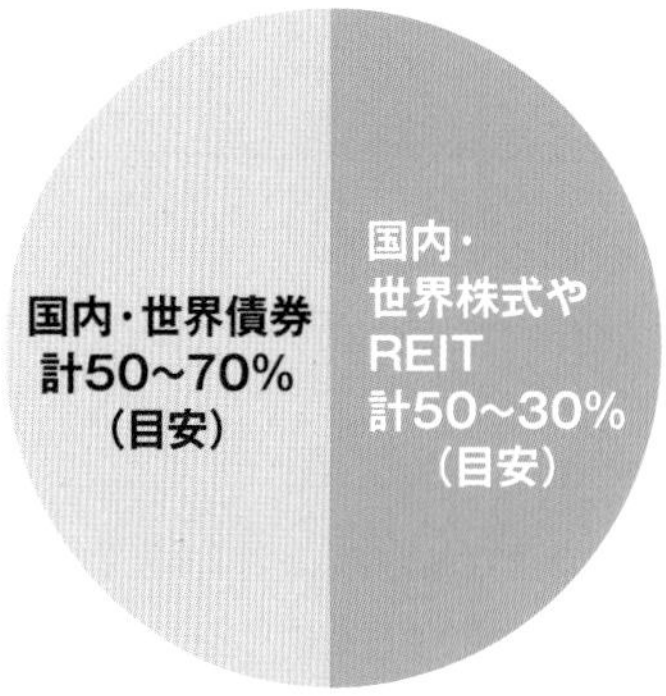

【商品候補】
- ●<購入・換金手数料なし>ニッセイ・インデックスバランスファンド（4資産均等型）
- ●セゾン・グローバル バランスファンド
- ●DCニッセイワールドセレクトファンド（債券重視型）

40代

専業主婦（主夫）夫婦＋子どもの運用テンプレート

専業主婦（主夫）夫婦＋子どもの方は……

大学（文系）の学費合計は700万円以上！ 教育資金作りに有効なのは強制力のある定期積立。老後資金作りも一緒につみたてNISA(※)で行いましょう。

高校・大学への進学で教育費は激増！しっかり備えよう

40代子育て世帯では、目の前の支出に対応するのに精いっぱいで、先々を見据えた家計のやりくりができていないこともあります。

この年代の資金計画で考えるべきポイントは3つあります。①子どもの教育費、②老後資金作り、そして③妻名義での投資について、です。子どもの教育費については、高校、大学で私立学校に進学するケースを視野に入れ、資金作りをしていく必要があります。

日本政策金融公庫の令和3年度「教育費負担の実態調査結果」によると、大学入学から卒業までの教育費用は国公立で平均約481万円、私立大学文系で平均約690万円、私立大学理系で平均822万円となっています。これだけの金額を作るためには、強制力のある積立投資が有効です。

併せて老後資金作りも忘れてはいけません。少額でも早くから始めておけば、長期投資による複利効果を期待できます。

これら2つの資金作りに対応できるのがつみたてNISA（※）です。夫婦でつみたてNISA口座を作れば、月々最大で6万6666円の積立投資を行うことができます。

つみたてNISA（※）では20年間、非課税で投資できます。教育資金として必要な額を随時取り崩すことが可能で、残りは老後資金として運用を続けることができます。家計に余裕があれば、老後資金作りに特化したiDeCoを活用してもよいでしょう。

ただし専業主婦の場合は、所得控除による節税メリットが期待できません。つまり、iDeCo最大のメリットがないのにもかかわらず、60歳まで取り崩せないというデメリットだけが残ってしまうので、つみたてNISA（※）を優先したほうがよいでしょう。

（※）2024年からは新NISA

40代　専業主婦（主夫）　夫婦＋子どもの運用テンプレート

●iDeCoの所得控除メリットなし。つみたてNISAを優先！

つみたてNISA（2024年からは新NISA）

老後資金目的の運用の場合

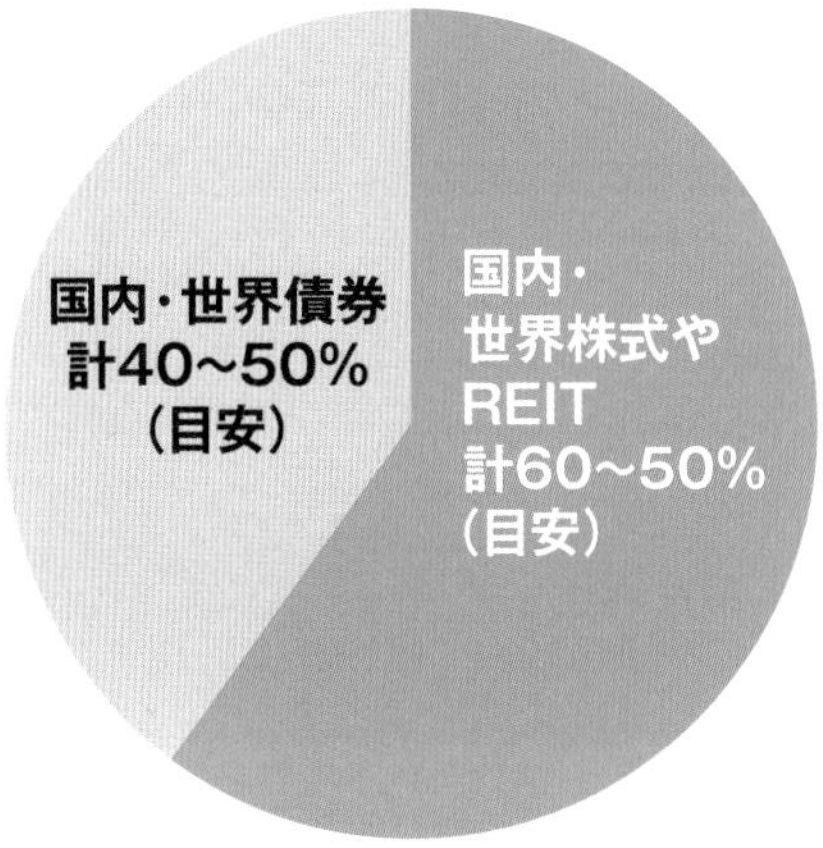

【商品候補】
- ●eMAXIS Slim バランス（8資産均等型）
- ●<購入・換金手数料なし>
  ニッセイ・インデックスバランスファンド（4資産均等型）
- ●セゾン・グローバルバランスファンド

運用期間が短めの場合

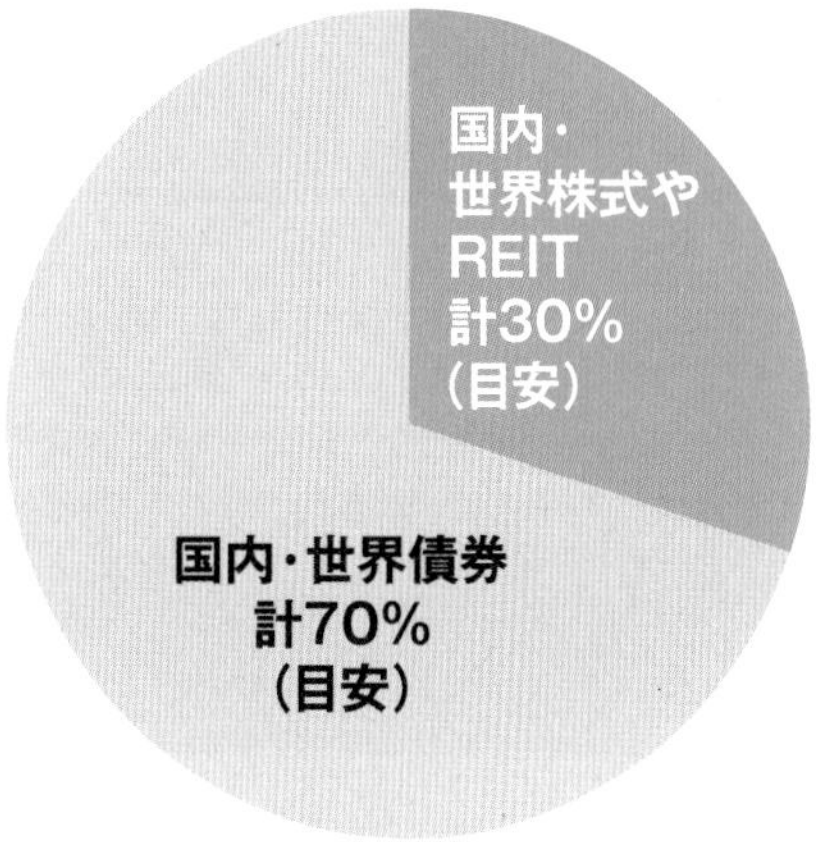

【商品候補】
- ●DCニッセイワールドバランスファンド（債券重視型）
- ●ダイワ・ライフ・バランス30

iDeCo

**つみたてNISAの枠を
超える場合はiDeCoを活用**

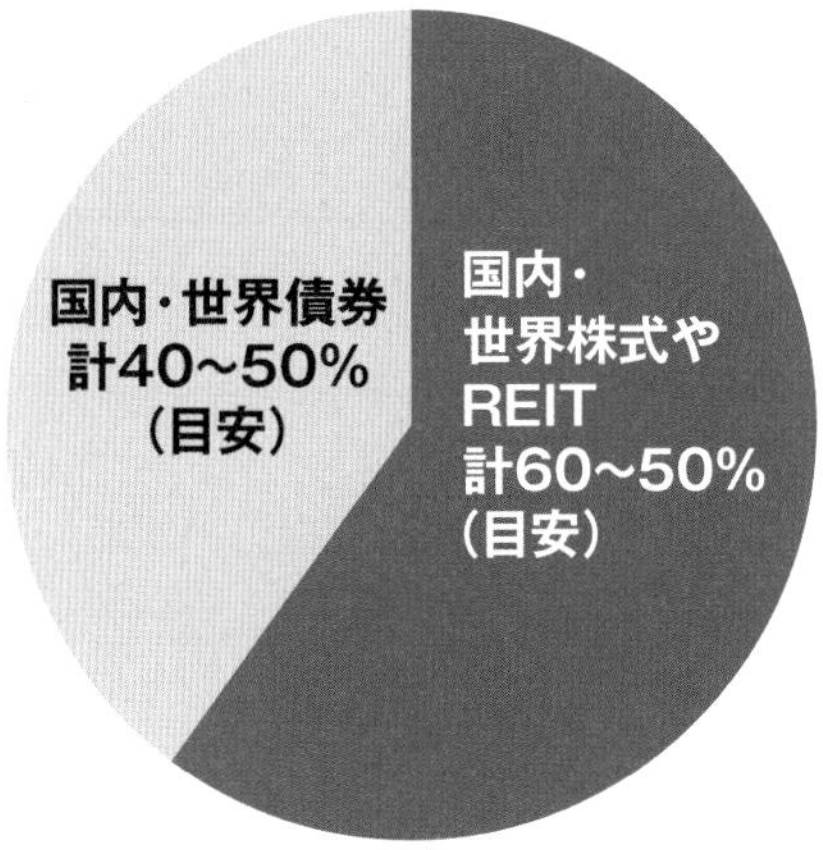

【商品候補】
- ●eMAXIS Slim バランス（8資産均等型）
- ●セゾン・グローバルバランスファンド

iDeCoのメリットは、①積立時、②運用時、③年金受取時の3つあります。しかし専業主婦で収入がない場合や、収入が一定額以下の場合は、所得税や住民税を払っていないので、①積立時の所得控除のメリットはありません。しかし、②と③のメリットは受けられます。

40代

会社員
夫婦・子どもなしの
運用テンプレート

収入やライフスタイルの安定を活かして着実な老後資金作りを

会社員　夫婦・子どもなしの方は……

収入と支出をしっかり把握したうえで、「先取り」でできる限りの積立投資を着実に続けていくことで、人生100年時代を乗り切りましょう。

40代の夫婦2人世帯は、比較的家計に余裕があるケースが多いでしょう。子どもがいなければ、夫婦2人ともフルタイムで働いていることが多く、ある程度まとまった収入を得ている人が多い年代です。住宅購入も済ませて着々と返済を進めている夫婦もいると思います。つまり、収入面の余裕に加えてこの先の不確定要素も少ないことが、資産形成においても大きなメリットとなります。家計をしっかり管理して、できる限りの積立投資を続けていけば、人生100年時代に対応できる老後資金を作れるでしょう。

そこで老後資金の形成には、夫婦ともにiDeCoをフル活用します。勤務先の企業年金の形態にもよりますが、拠出限度額は月々1・2万～2・3万円です。

40歳であれば、iDeCoで投資を始めたとしても、20年間は掛金を積み立てることが可能です。このような長期投資では、株式の比率が50～70％程度のバランス型ファンドを利用して積極的に運用資金を増やしましょう。資金の余裕があれば、つみたてNISA（2024年からは新NISA）や通常の課税口座（特定口座）も利用できます。

注意すべきは、現時点での資産が少なく、将来に不安を持つ世帯です。積立不足を挽回しようと、大きなリスクを取って短期間で運用資金を増やしたいと考える人も少なくありません。

実際、資産運用は「効果の強い薬」のようなものです。体力のある人（すでに資産がある人や収入が多い人）は強い薬を飲んでも耐えられる（リスクを取れる）のですが、体力がない人が強い薬を飲むと、副作用で体を壊してしまいます。資産運用で一発逆転は基本的に考えないことが大切です。

40代 会社員 夫婦・子どもなしの運用テンプレート

●iDeCoを活用し節税しながら老後資金形成

iDeCo

リスク許容度が大きめの場合は
株式比率を上げてもいい

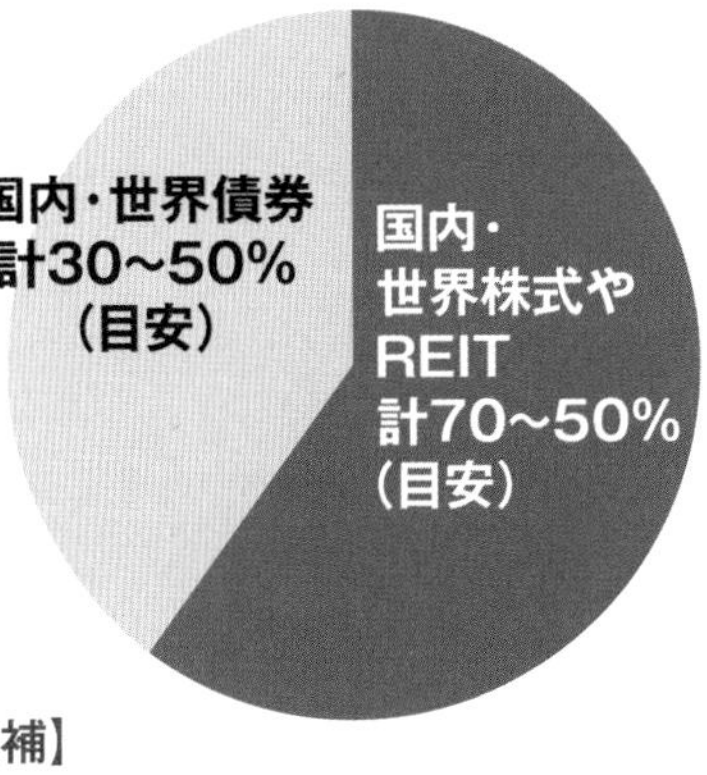

【商品候補】
- ●DCニッセイワールドセレクトファンド(株式重視型)
- ●eMAXIS Slim バランス(8資産均等型)
- ●セゾン・グローバルバランスファンド

つみたてNISA(or特定口座)(2024年からは新NISA)

老後資金目的の運用の場合

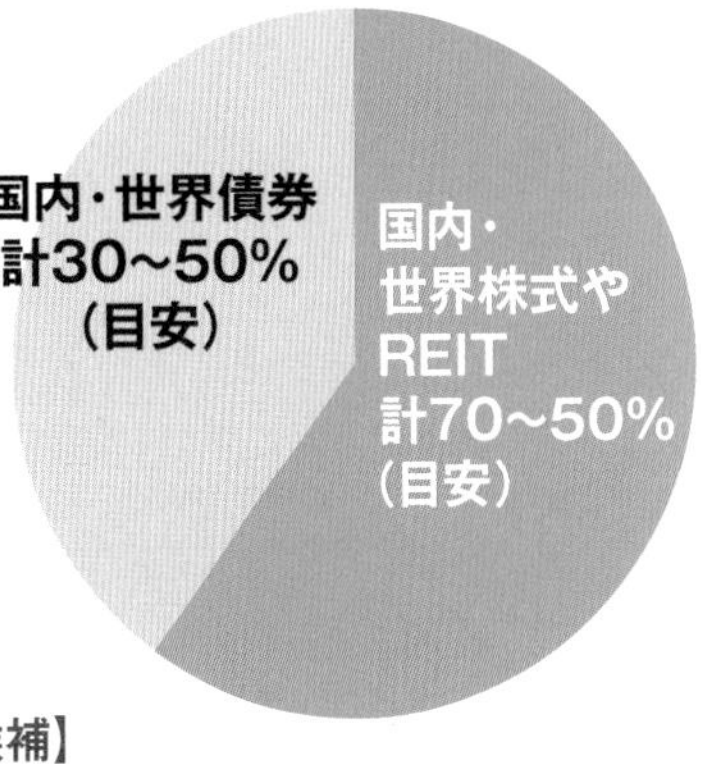

【商品候補】
- ●DCニッセイワールドセレクトファンド(株式重視型)
- ●eMAXIS Slim バランス(8資産均等型)
- ●セゾン・グローバルバランスファンド

iDeCoを解約してお金を引き出すことはできますか?

原則として60歳になるまで、資産を引き出すことはできません。掛金の拠出の継続を希望しない場合は、iDeCoの加入者資格を喪失する手続きを行い、その後は「運用指図者」として、それまでの積立金の運用を継続します。

「リスクのコントロール」について詳しく知りたい

リスクとは「運用収益の振れ幅」のことをいいます。60歳までの運用期間の最終段階で、今まで積み立てたお金が取り返せないような大きなダメージを受けることのないよう、年齢とともに株式の比率を減らし、債券または預貯金などの安全資産の比率を増やして、リスクをコントロールしていきます。

50代

独身・自営業の運用テンプレート

退職金が作れる小規模企業共済とiDeCoを併用して豊かな老後を

独身・自営業の方は……

投資期間の制限があるため、リスクの取りすぎには注意。収支をやりくりして、自前の退職金と年金を着実に積み上げていきましょう。

50代の資産運用はほぼ老後資金に限定されてきます。この年代から投資を活用してガンガン資金を増やすのは、現実的ではありません。

自営業はサラリーマンに比べると収入が不安定です。そして、この時期になって特に心細く感じるのが、退職金がないことです。

サラリーマンの退職金は勤務先が積み立てて用意しますが、自営業でも掛金を全額所得控除にできる小規模企業共済を使って節税しながら退職金を用意できます。

同様に掛金を全額所得控除できるiDeCoを使えば、節税しながら退職金や年金を用意できます。月々の収入から小規模企業共済を上限7万円、iDeCoを上限6万8000円の枠で積み立てることができます。これらを併用して最大限活用すれば、月々13万8000円が全額所得控除にできます。

節税メリットは大きいですが、自営業なら資金繰りが気になるところでしょう。小規模企業共済は、拠出した金額の70～90％まで貸し付けを受けることもできます。急な資金繰りの悪化など、自営業ならではの経営リスクに対応できる点でも、非常に使い勝手のよい制度です。

iDeCoについては、年齢とともに徐々に株式に投資する比率を落とし、運用資産全体でのリスクを下げていくことが重要です。年金の受給が間近に迫っているときに、リーマン・ショックのような経済ショックで、せっかくの老後資金が大きく目減りしては目も当てられません。

50代前半からiDeCoを始めるなら、株式比率を50％程度までに抑えて運用しましょう。50代後半であれば株式比率をもっと低く30％程度までにしたほうが無難でしょう。

50代　独身・自営業の運用テンプレート

●10年以内に使用予定資金と1～2年分の生活資金を確保

iDeCo

50代前半の場合

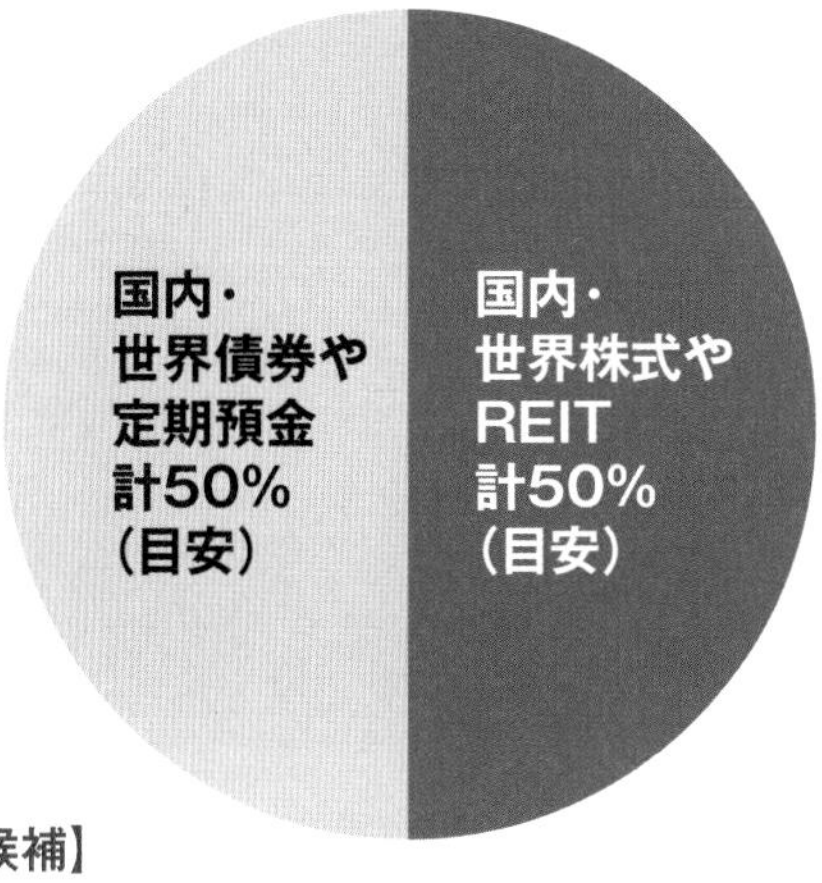

【商品候補】
●DCニッセイワールドセレクトファンド（株式重視型）70%
：定期預金30%
●eMAXIS Slim バランス（8資産均等型）80%
：定期預金20%
●セゾン・グローバルバランスファンド100%

50代後半の場合

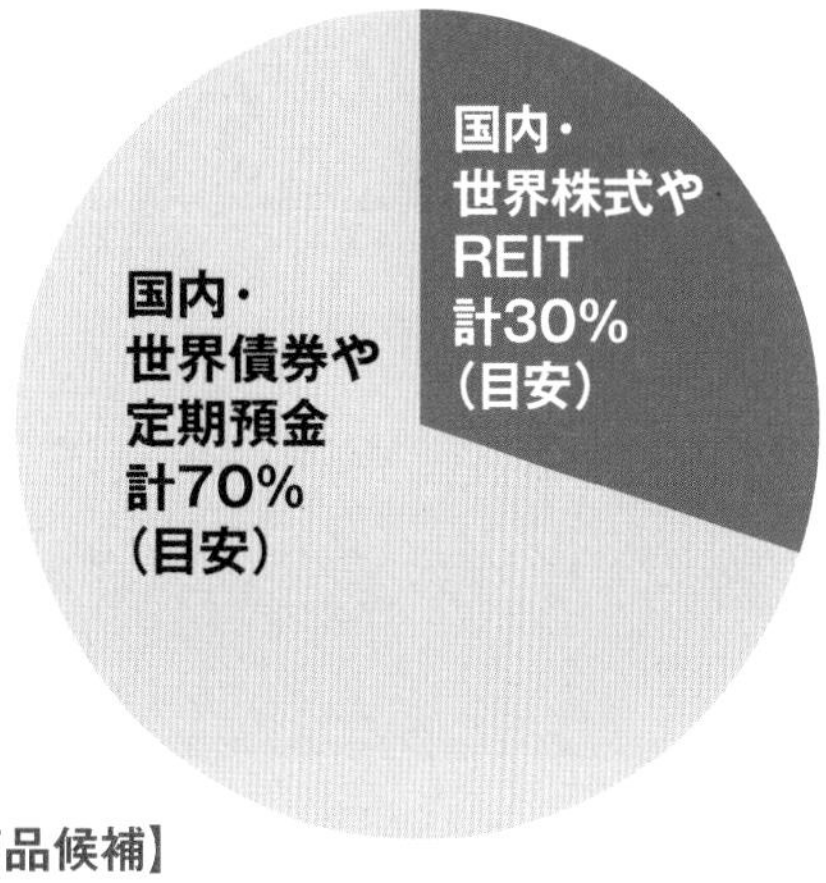

【商品候補】
●DCニッセイワールドセレクトファンド（株式重視型）45%
：定期預金55%
●eMAXIS Slim バランス（8資産均等型）50%
：定期預金50%
●セゾン・グローバルバランスファンド60%
：定期預金40%
●DCニッセイワールドセレクトファンド（債券重視型）100%

つみたてNISA（or一般NISA）
（2024年からは新NISA）

**まとまったお金がある場合は
商品選択幅が広がる一般NISAも**

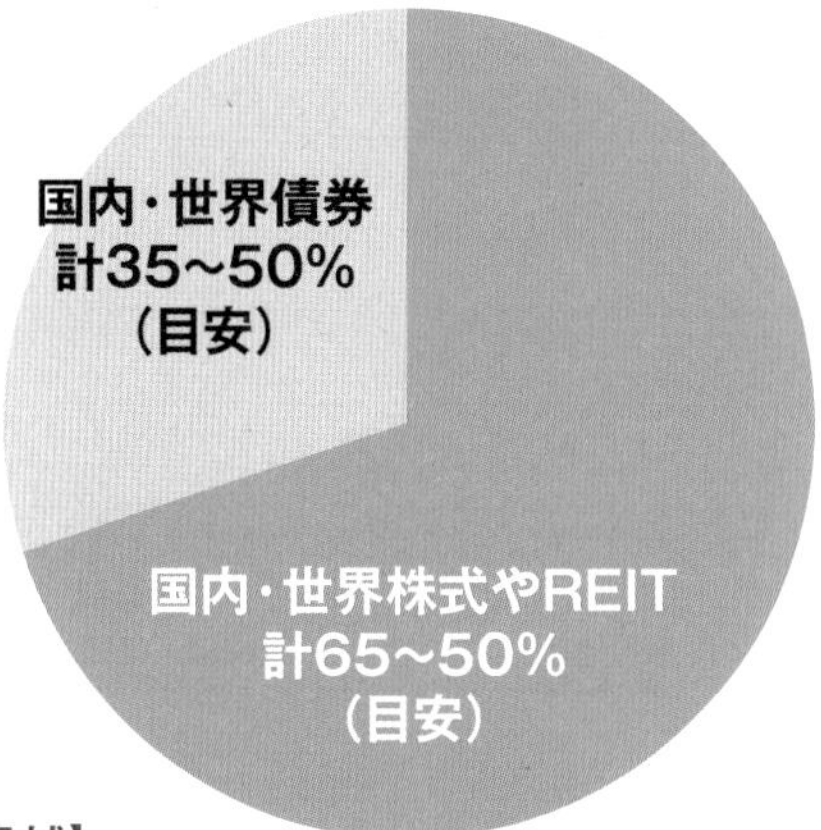

【商品候補】
●三井住友・DCつみたてNISA・世界分散ファンド
●eMAXIS Slim バランス（8資産均等型）
●<購入・換金手数料なし>
ニッセイ・インデックスバランスファンド（4資産均等型）
●セゾン・グローバルバランスファンド

独立行政法人である中小機構が運営する公的な退職金制度です。掛金は全額を所得控除でき、月々の掛金は1000円～7万円の間で、500円単位で自由に増減が可能です。満期はなく、リタイアを機に一括または分割で受け取ります。退職時に受け取れる額は退職する理由によって異なります。ちなみに、個人事業の廃業が理由の場合が最も多く受け取れます。

50代

会社員
夫婦＋子どもの
運用テンプレート

人生において特に「お金を使うとき」。ムダを省いて積立投資を

会社員　夫婦＋子どもの方は……

子どもの大学進学や住宅ローンなど、お金に羽が生えたように飛んでいく時期。60歳までにかかる費用の手当てと老後資金作りの両立をはかります。

子どもが高校・大学に進学し、人生における典型的な「お金を使うとき」です。サラリーマン人生の締めくくりを意識する頃でもあり、退職金の額や老後資金も気になります。住宅ローンの返済も完了していないことが多く、お金の悩みや不安が尽きません。

親世代や先行世代に比べると、収入の環境が悪いのが今の現役世代です。この先見込まれる収入減少という現実も踏まえて、家計のやりくりと投資の方法を考えていきましょう。成り行き任せにしてしまうと、カツカツの老後生活にもなりかねません。

まず、教育費や住宅ローンの繰り上げ返済などのハードルを乗り越えつつ、老後資金作りも同時に進めなければなりません。収入と支出を洗い直してムダを省き、積立投資の原資を捻出しましょう。大事なのは少しでも早く始めて、着実に続けていくことです。

この年代はいつ取り崩すことになるかわからないので、つみたてＮＩＳＡ（２０２４年からは新ＮＩＳＡ）を優先します。夫婦２人なら年間で上限80万円まで積み立てられます。運用リスクを抑えたいので、株式の比率を65%〜50%に抑えたバランス型ファンドから選びましょう。

老後資金作りにはiDeCoも使いたいところですが、60歳まで引き出せないので、ムリのない範囲で積み立てていきます。

歳を重ねるにつれて、経済ショックなどで株式市場が暴落し、資産が大幅に減ると、取り返すのが難しくなります。そのため、加齢とともに徐々に株式の比率を落としてリスクをコントロールします。

50代後半では、株式の比率を30〜25%程度に抑え、少しずつ債券や定期預金に振り替えていきましょう。

50代　会社員　夫婦＋子どもの運用テンプレート

●教育費がかかる世代。積立が難しいなら無理はしない

つみたてNISA（or特定口座）
（2024年からは新NISA）

まとまったお金がある場合は
商品選択幅が広がる一般NISAも

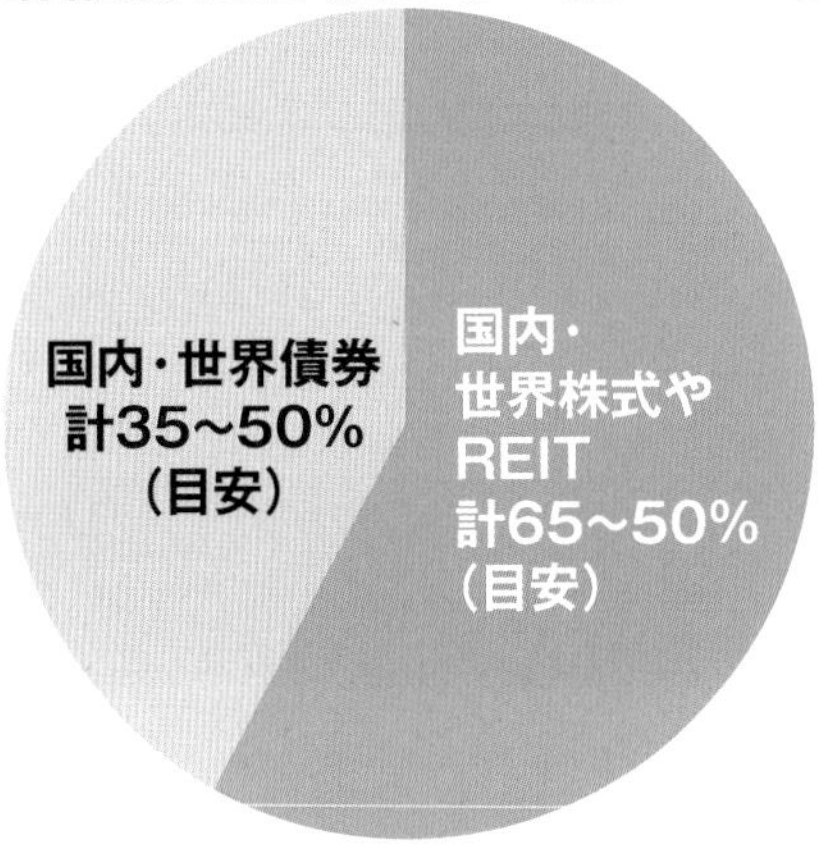

【商品候補】
- ●三井住友・DCつみたてNISA・世界分散ファンド
- ●eMAXIS Slim バランス（8資産均等型）
- ●<購入・換金手数料なし>
  ニッセイ・インデックスバランスファンド（4資産均等型）
- ●セゾン・グローバルバランスファンド

**教育資金作りと
老後資金作りの違いは？**

教育資金を作るための積立投資は、近い将来に取り崩すものです。これに対し、老後資金を取り崩すまでには20年以上の投資期間が想定されます。教育資金作りには、株式の割合を30%程度の抑えたバランス型ファンドを、老後資金作りには株式の割合が60%程度のバランス型ファンドを利用し、着実に積み立てましょう。

iDeCo

50代前半の場合

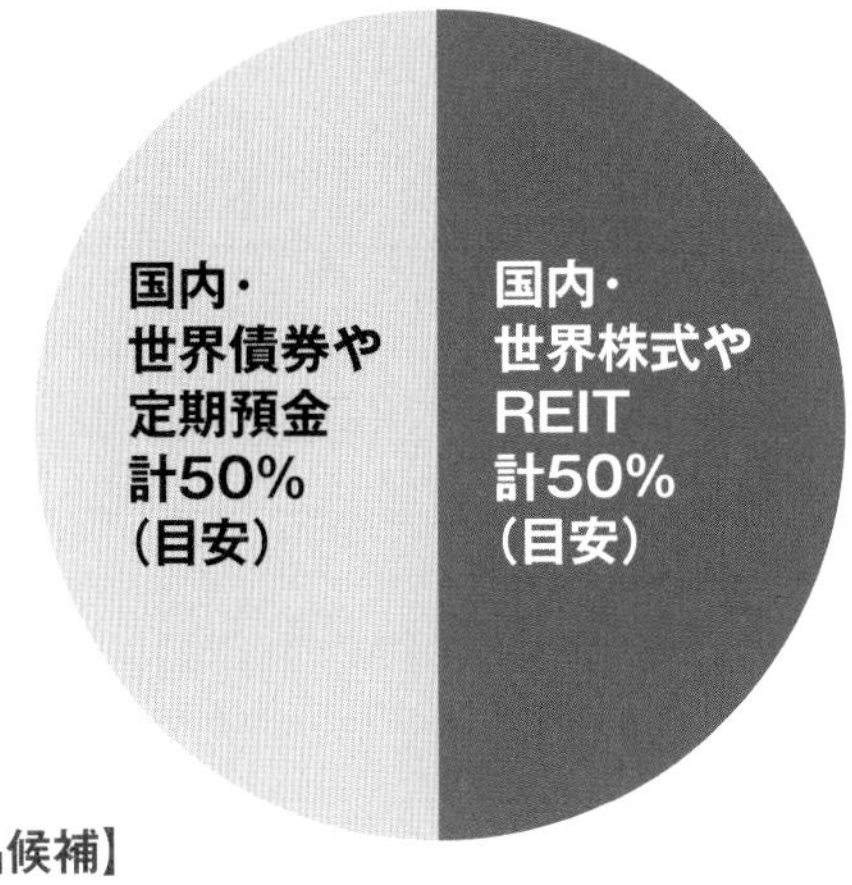

【商品候補】
- ●DCニッセイワールドセレクトファンド（株式重視型）70%
  ：定期預金30%
- ●eMAXIS Slim バランス（8資産均等型）80%
  ：定期預金20%
- ●セゾン・グローバルバランスファンド100%

50代後半の場合

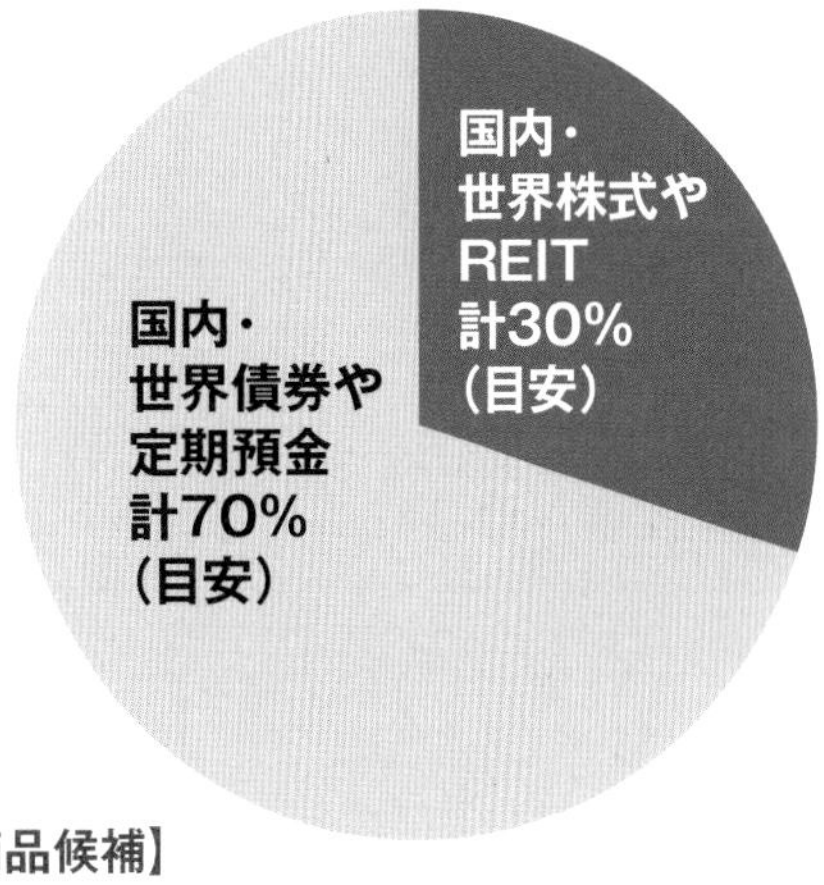

【商品候補】
- ●DCニッセイワールドセレクトファンド（株式重視型）45%
  ：定期預金55%
- ●eMAXIS Slim バランス（8資産均等型）50%
  ：定期預金50%
- ●セゾン・グローバルバランスファンド60%
  ：定期預金40%
- ●DCニッセイワールドセレクトファンド（債券重視型）100%

継続雇用期間は、iDeCoに資金を！追加できる「最後の貯め時」

独身・継続雇用の方は……

（この時期の資金計画で考えるべきポイントは3つ。保有資産の有効活用、生活スタイルの見直し、iDeCoを利用した積立投資です。着実にこなしていきましょう。）

60歳をすぎても働くことのできる環境にある人が、資金計画で考えるべきポイントは３つあります。まず、いまある資産を総点検し、改めて有効活用を考えます。預貯金の割合が多ければ一部を投資に回すことも検討しましょう。

すでに投資をしている場合は、運用資金の株式比率を確認しましょう。リスクを取りすぎている場合は、予期せぬ経済ショックに備えて、株式の比率を下げ、債券や預貯金など安全資産の比率を上げましょう。60代以上であれば株式比率は30％程度までに抑えるように心がけます。この年代は増やすよりも減らさないことが優先です。大きなリスクを取りすぎないようにしましょう。退職金など、ある程度まとまった余裕資金は一般ＮＩＳＡ（２０２４年からは新ＮＩＳＡ）を活用し、超える部分は課税口座（特定口座）で運用します。余裕資金の範囲であれば株式比率50％まではよいでしょう。

続いて公的年金の受給額と保有資産を確認して、確保できる老後資金を把握します。

そのお金を毎月に振り分けてみて、足りなければ、生活スタイルを修正して節約すると同時に、現在の給与収入から積立を行ったり保有資産の運用方法を見直したりしましょう。

ｉＤｅＣｏは制度改正が行われ、勤務しているうちは65歳まで利用できるようになりました。老後資金を貯めるなら、ｉＤｅＣｏの大きな節税メリットを利用しない手はありません。しかし、今後の運用期間はそれほど長くないため、リスクは控えめにしましょう。

60代の投資では、株式に投資する比率を引き下げ、定期預金の比率を高めます。ｉＤｅＣｏ内の株式の比率は、30～25％程度が目安となります。

60代 独身・継続雇用の運用テンプレート

●継続延長になったiDeCoを、リスク控えめで活用

iDeCo

株式系比率は
30～25%が目安

【商品候補】

●DCニッセイワールドセレクトファンド（株式重視型）40%
：定期預金60%
●eMAXIS Slim バランス（8資産均等型）45%
：定期預金55%
●セゾン・グローバルバランスファンド55%
：定期預金45%
●DCニッセイワールドセレクトファンド（債券重視型）90%
：定期預金10%

一般NISA（または特定口座）（2024年からは新NISA）

余裕資金の範囲内であれば
株式比率50%までは可能

【商品候補】

●DCニッセイワールドセレクトファンド（債券重視型）
●ダイワ・ライフ・バランス30
●＜購入・換金手数料なし＞
ニッセイ・インデックスバランスファンド（4資産均等型）
●楽天・インデックス・バランス・ファンド（均等型）
●セゾン・グローバルバランスファンド

証券会社で証券口座を開設する際、納税方法に応じて「特定口座」と「一般口座」を選択することができます。特定口座は、証券会社が1年間の損益を計算して年間取引報告書を作成しますが、一般口座で運用している株式などは、投資家が自分で年間の売買損益を計算して確定申告をしなければなりません（ただし一定の条件下では、確定申告は不要）。

手元にまとまった現預金があるなら、毎月少しずつの積立投資をしても、投資待ちの現金ばかりとなります。そこでつみたてNISAではなく一般NISAを利用すれば投資枠は広がります。また、2024年からの新NISAでは併用が可能になります。老後資金については、より節税メリットの大きいiDeCoを優先します。受給までの期間が短いため、途中で取り崩しができないというiDeCoのデメリットが薄れるからです。

60代
夫婦 年金生活の運用テンプレート

夫婦 年金生活の方は……

現在の生活に余裕があるか否かによって、打つ手が大きく変わってきます。この先もまだまだ人生は長いので、家計のやりくりと堅実な運用に努めましょう。

医療や介護のニーズに備えて低リスクで運用を継続

年金生活に入っている世帯の場合、資金計画も非常にシンプルになります。収入を得る手段や額がほぼ固定されているためです。

定期収入と保有している資産で、老後の支出をまかなえない場合は、資産運用の方法が変わってきます。もし不安がある場合は、まず支出を細かく洗い出し、ムダをなくしていきましょう。浮いたお金はリスクの低い運用に。じわじわとした値動きになりますが、金銭面でも気持ちの面でも余裕が出るはずです。

少額の積立ならつみたてNISA（2024年からは新NISAのつみたて投資枠）を利用して、低リスク型のバランス型ファンドに投資するとよいでしょう。生活に余裕がある世帯なら、一般NISAを利用してみましょう。非課税期間は5年間。2023年は120万円を上限に非課税で投資することができます。2024年からは新NISAのつみたて投資枠と成長投資枠を併用するとよいでしょう。大きく増やすより大きく減らさないことが大切な時期です。株式の比率を抑え、低リスクの運用を心がけましょう。

一般NISA（2024年からは新NISAの成長投資枠）は投資信託だけでなく、個別株式へ投資することもできます。投資経験がある方ほど個別株式へ投資するかもしれません。それでも株式の比率は金融資産の30〜15％程度に抑えておきましょう。この範囲内であれば多少失敗しても大きな問題にはならないはずです。

投資経験が少ない人なら、株式の割合が30〜15％程度の低リスク型バランスファンドを選びましょう。運用コストは高くなりますが、相場状況に応じて株式の比率を調整してくれる、リスク抑制型ファンドも選択肢の1つです。

60代 夫婦 年金生活の運用テンプレート

●無理をせず低リスクを心掛ける

一般NISA（または特定口座）（2024年からは新NISA）

低リスク型ファンド
（固定配分型）

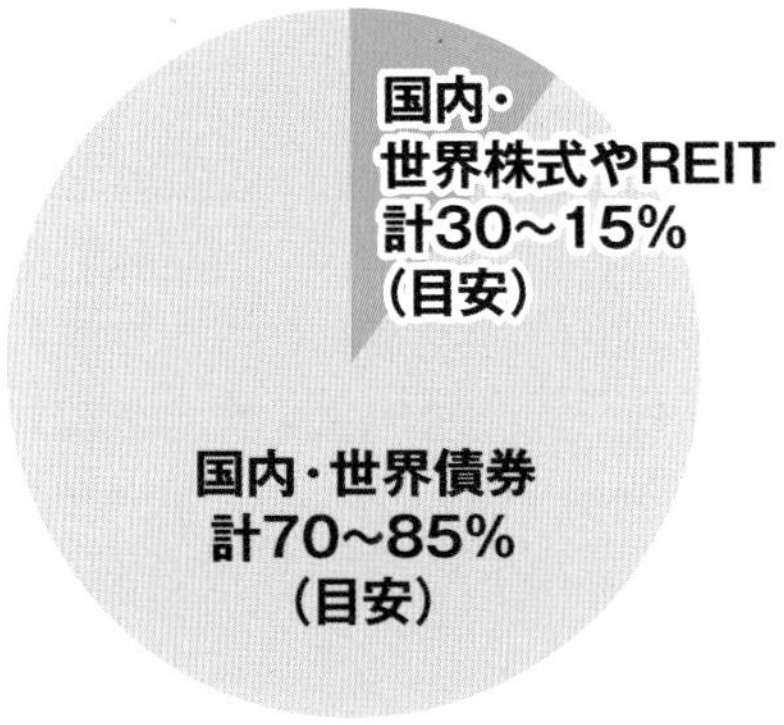

【商品候補】
●DCニッセイワールドセレクトファンド（債券重視型）
●楽天・インデックス・バランス（DC年金）

リスク抑制型ファンド
（可変配分型）

【商品候補】
●ピクテ・マルチアセット・アロケーション・ファンド「クアトロ」
●投資のソムリエ

リバランスとは何ですか?

複数の株式や債券などに分散投資するポートフォリオ運用においては、時間の経過とともに相場が変動することで、当初決定した資産配分が変わっていきます。リバランスとは、当初の割合が崩れてしまったポートフォリオを元の割合に戻すことです。

「低リスク型」と「リスク抑制型」それぞれの投資信託の違いは?

低リスク型バランスファンドとは、株式の割合を30%～15%程度に抑え、その分債券に投資する割合が大きくなっているファンドです。株式や債券の比率は基本的には固定されており、市場の動向で比率のずれが生じると定期的にリバランスしてくれます。コストは低く抑えられており、長期運用に向いたファンドです。リスク抑制型ファンドは、ファンドマネジャーが市場の動向に応じて機動的に株式や債券に投資する比率を変動させます。順調な時期には株式の比率を上げてリターンを取り、不安定な時期には債券比率を上げて安定運用に努めます。運用コストは高くなりますが、コロナ禍でも安定的にリターンをあげ、注目を集めている商品もあります。

Column

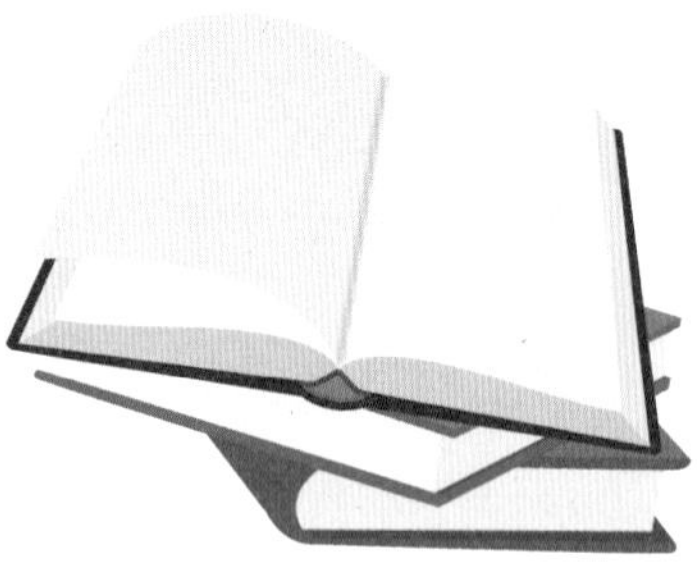

What is Portfolio?
ポートフォリオってもともとどういう意味？

ポートフォリオは「紙ばさみ」のこと

22ページでも触れましたが、ポートフォリオ（Portfolio）は、日本語に訳すと「紙ばさみ」「書類カバン」という意味です。つまり1つ1つの書類のことではなく、複数の書類または物が集まって1つの集合体になったというイメージが、資産運用でいう「ポートフォリオ」につながります。

分散投資に欠かせない用語

このポートフォリオがよく使われるのは、分散投資を説明するときです。有名な投資の格言に「卵は1つのカゴに盛るな」（右図）というものがあります。これは、1つのカゴにすべての卵を盛ってしまうと落としたときに卵がすべて割れてしまうが、複数のカゴに盛っておけば、1つのカゴを落としてもほかのカゴが無事なので、大事な卵をすべて失わずに済む、という意味です。

これは投資でも同じことが言えます。ある会社の株式というカゴだけにすべての卵を盛っていると、その会社の株価が暴落すれば資産を大きく失うことになります。

A社だけでなくB社、C社と複数の会社の株式（カゴ）に分けて投資すれば状況は変わります。特定の会社の株価が暴落しても、他の会社の株価が暴落しなければ、大きく資産を失わなくてすみます。

複数の株式に投資するなら、異なる業種を組み合わせる、異なる地域や国を組み合わせる。さらに、株式だけでなく債券や不動産など異なる種類の資産に投資する商品も組み合わせる。投資商品の多様性を高めることで分ける効果が高まります。こうしてできあがる複数の投資商品の集合体がポートフォリオです。

投資信託（ファンド）は複数の投資商品を組み合わせたパッケージとして販売されます。たとえば、国内株式投資信託を購入すると、数十から数百銘柄の国内株式のポートフォリオに投資することができます。また、バランス型投資信託という商品は、株式や債券など複数の種類、複数地域の商品をセットした投資商品です。自分でポートフォリオを作るのが難しいなら、バランス型投資信託を利用してまずは分散投資しましょう。

卵は1つのカゴに盛るな

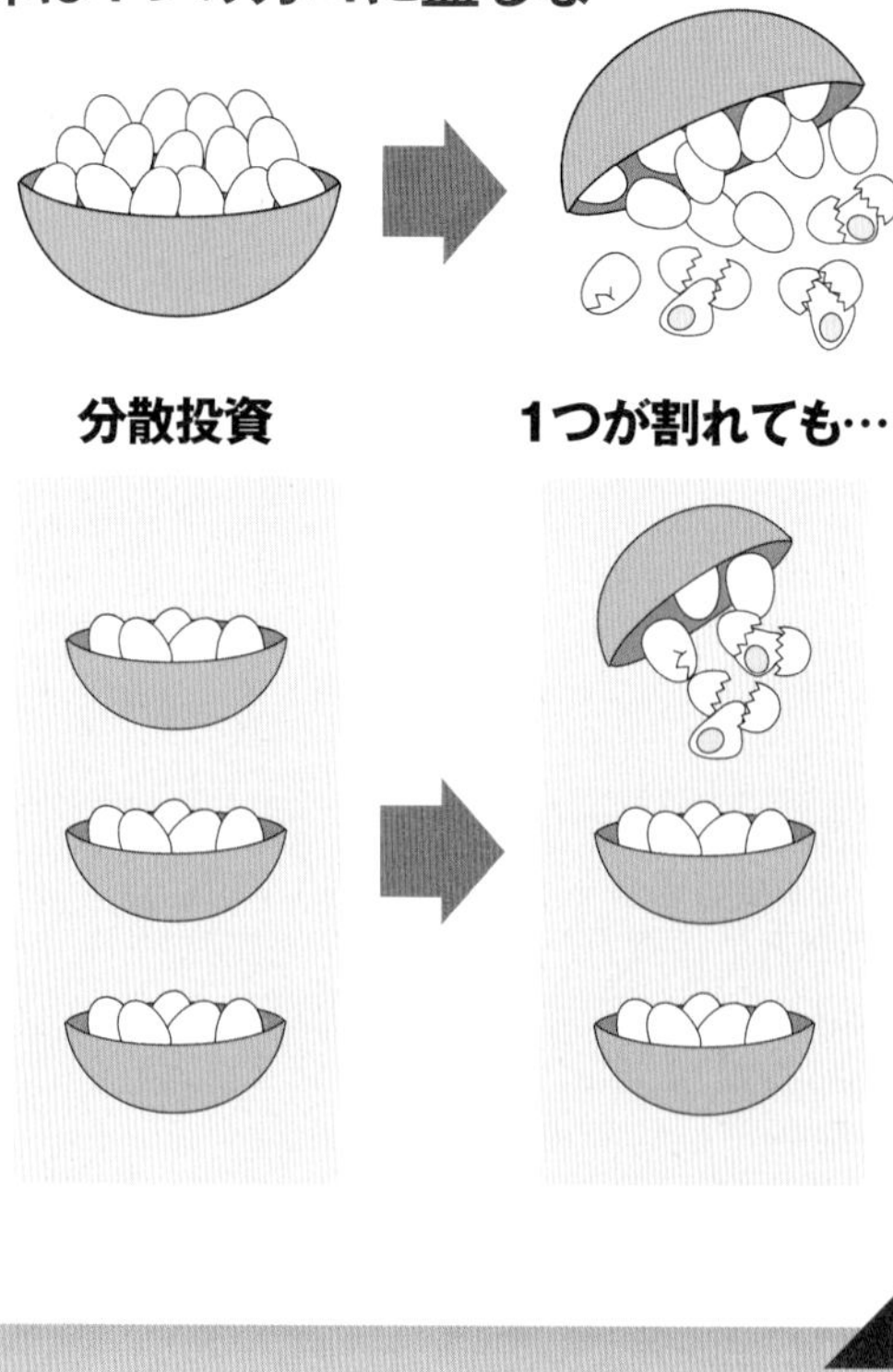

第2章

どちらを選ぶ？
つみたてNISAと
iDeCo

つみたてNISA & iDeCo は
こんなふうに
使い分ける

つみたてNISA（※）と iDeCoの 違いを理解して うまく使い分けよう

やりくりの面ではつみたてＮＩＳＡ

つみたてＮＩＳＡ（※）とｉＤｅＣｏはそれぞれコツコツと積み立てて資産形成する、税制メリットのある投資制度です。投資をこれから始めるなら、どちらから始めるとよいのでしょうか。

どうしても節税メリットのほうに目がいきがちですが、まず確認したいのが、やりくりのしやすさです。子どもの教育費、マイホームやマイカーの購入、旅行など現役時代にはまとまったお金が必要なライフイベントが目白押しです。お金が必要なのに動かせるお金がなければ、ライフイベントをあきらめるか、借金を重ねることになりかねません。

その点、つみたてＮＩＳＡは非課税期間が設定されていますが、期間中いつでも売却しお金を使うことができます。もちろん売却の際に利益が出ていなければ非課税のメリットは得られません。

一方でｉＤｅＣｏは積み立てたお金は原則60歳になるまで使うことができません。老後資金と割り切って積み立てられるでしょうし、ｉＤｅＣｏ以外に貯蓄や運用ができる余裕があれば問題はありません。ただ、月1万円の積立でも1年で12万円、10年で１２０万円、30年では３６０万円と結構まとまったお金になります。これだけのお金を引き出さずにやりくりできるかよく検討すべきです。

始めやすさでもつみたてＮＩＳＡ

次に「始めやすさ」も重要なポイントです。実はここでも手続きが比較的簡単なつみたてＮＩＳＡ（※）に軍配が上がります。

たとえば、多くのネット証券ではネット上で口座開設手続きをします。この際に総合口座だけでなくつみたてＮＩＳＡ（※）口座も開設することができます。必要情報を入力し、本人確認書類をアップロードしたら開設手続きが完了。最短数日で口座開設できるでしょう。

一方、ｉＤｅＣｏの場合は口座開設に時間と手間がかかります。金融機関から書類を取り寄せ記入しますが、会社員や公務員の場合は勤務先の担当部署に記入してもらう必要のある書類もあります。すべての書類が整ったら金融機関に提出します。金融機関は国民年金基金連合会に書類を送り、加入者資格の審査にかけます。審査結果を受けｉＤｅＣｏ口座が開設されますが、この審査には１～２カ月かかるのです。このように手続きが面倒なのでｉＤｅＣｏを敬遠する人も少なくありません。

これらを考えるとつみたてＮＩＳＡ（※）から始めるほうが無難です。ただし、ｉＤｅＣｏにはこれらのデメリットを補って余りある節税メリットがあるのも事実。いずれｉＤｅＣｏも上手に活用できるようまずは運用に慣れましょう。

（※）2024年からは新NISAのつみたて投資枠

図10 つみたてNISAとiDeCoの大まかな違い

つみたてNISA（2024年からは新NISAのつみたて投資枠）

1. 投資初心者向け
2. 自由にお金を引き出せる
3. 口座開設が比較的簡単
4. 節税メリットが大きい

口座開設も簡単。途中で自由にお金を引き出せ、税制上のメリットも大きいつみたてNISA（※）は、投資初心者に向いている制度といえます。

iDeCo

1. 60歳までお金を引き出せない
2. 加入手続きがやや複雑
3. 節税メリットがかなり大きい

加入手続きが複雑、途中でお金を引き出せないなどの不便さはありますが、節税メリットがかなり大きいので、老後の資産形成にiDeCoを使わない手はありません。

（※）2024年からは新NISAのつみたて投資枠

つみたてNISA(※)は住宅資金や教育資金などに利用する

定期預金では10年後の利息は２００円

人生では就職、結婚、出産、マイホーム購入、子どもの進学、そして退職、などさまざまなライフイベントがあります。これらを実行するには、ほとんどの場合で大きなお金がかかります。大きなお金を準備するには時間がかかります。だからこそ、私たちはライフプランを立て、ライフイベントを着実に実行していきたいものです。

たとえば、10年後の大学入学に備えて２４０万円程度を準備するとしましょう。仮に定期預金で貯蓄を始めたとします。

大手銀行の１年ものの定期預金金利は０・００２％（２０２３年２月時点）です。毎月２万円積み立てれば10年で元本は２４０万円になりますが、利息はわずか２００円程度しかつきません。

一方で、つみたてＮＩＳＡ（※）を利用して準備した場合、預貯金より高いリターンを期待できます。年利３％（税金は考慮しない）で運用できたとすると月２万円の積立は約２７９万円になります。定期預金と比べると実に39万円もの差がつく計算となります。

もちろん、元本割れとなる事態もあり得るのが投資です。最終的にいくら準備できるかは運用成果次第ですが、長期間にわたり運用を続けるほど元本割れのリスクは小さくなり、世界経済の成長の果実を着実に取り込むことができるようになります。

つみたてＮＩＳＡ（※）の特徴の１つが、途中で売却してお金を使うことができることです。また、非課税投資期間が20年と長期にわたり、その間は通常約20%かかる利益に対する税金が非課税となるのも大きなメリットです。さらに２０２４年からの新ＮＩＳＡでは、非課税期間が無期限になります。

ですから、つみたてＮＩＳＡ（※）は教育費やマイホーム購入時の頭金など、将来必要になるまとまった資金を効率的に準備するのに適しています。

教育費と住宅費で５０００万円弱が必要

では、実際に教育費はどの程度かかるのでしょうか。

進学プランによって大きく異なりますが、幼稚園から高校までは公立校、大学は私立文系に進学した場合の１人あたりの教育費を合計すると１２３３万円にもなります（文部科学省「平成30年子どもの学習費調査」、日本政策金融公庫「令和３年度　教育費負担の実態調査結果」より）。子どもが2人なら2倍、3人なら3倍かかります。子どもが幼稚園に入園してから大学卒業まで約20年前後の間に、これだけのお金を貯めては使っていくわけです。

大きなお金がかかるライフイベントはまだまだあります。最も大きなお金がかかるのがマイホームの購入。住宅資金は地域、住宅の

（※）2024年からは新NISAのつみたて投資枠

図11 つみたてNISA(※)の特徴

●つみたてNISA(※)はいつでもお金を引き出せる

つみたてNISAもiDeCoも将来に備えた長期積立分散投資のための制度ですが、
お金が必要なときに引き出せるのがつみたてNISAの特徴です。
iDeCoの場合は60歳になるまで積み立てているお金を引き出すことができません。

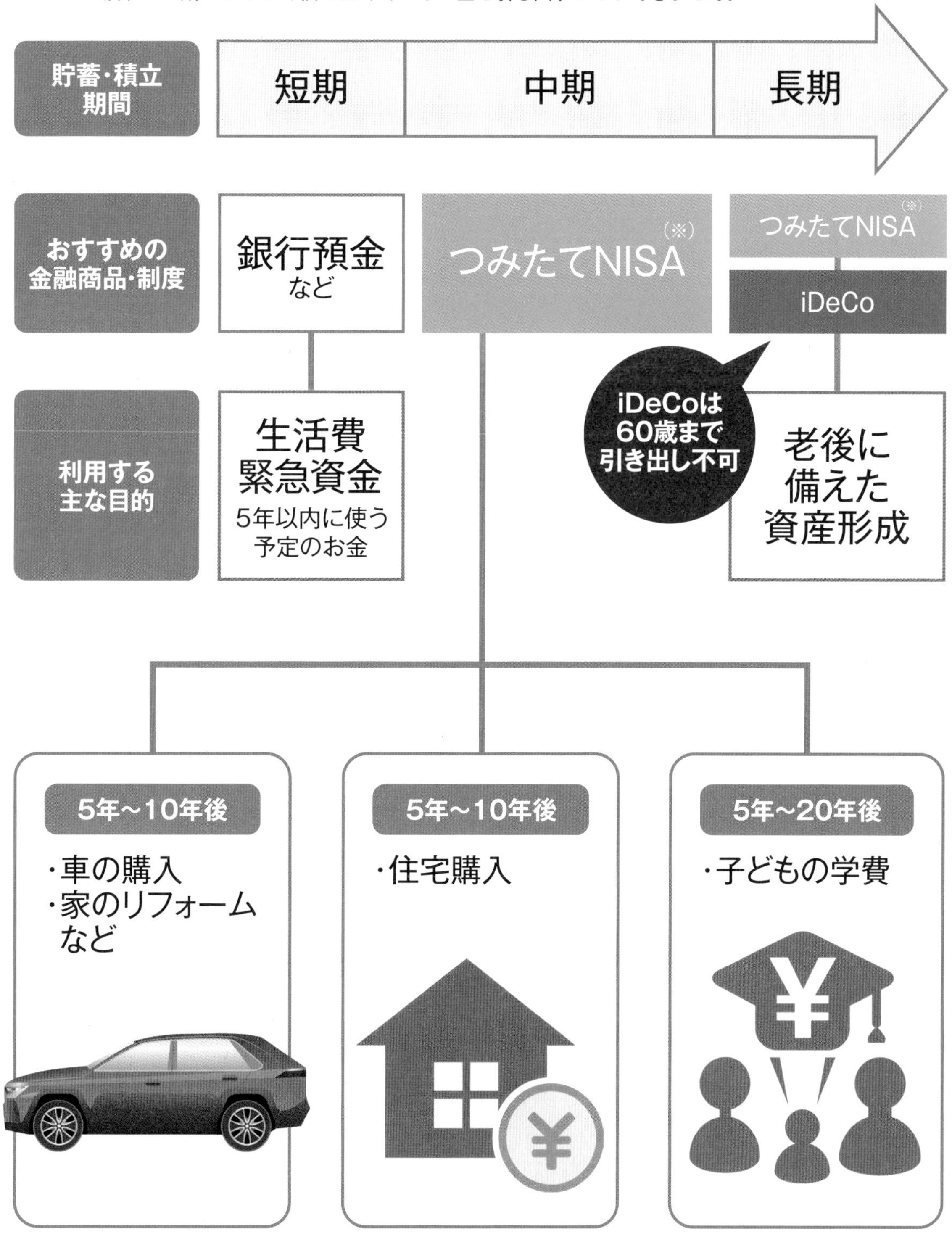

（注）年数や制度の利用目的は個人や家庭によって違いますので、上の内容はあくまでも「めやす」です

（※）2024年からは新NISA

種類や大きさなどによって大きく異なりますが、建売住宅の全国平均で３４９５万円程度です（「２０年フラット35利用者調査」より）。

さらに「老後資金２０００万円問題」が話題となったように、ほとんどの人が不安を抱えているのが老後資金でしょう。お金があったほうが余裕のある生活ができるし、なければないなりに生活するしかないのが老後資金です。

そもそも将来受け取る公的年金だけで十分に生活できると安心している人はほとんどいないはず。住宅資金や教育資金の高いハードルを乗り越えた後に立ちはだかるのが老後資金です。しっかりした戦略性と計画、そして実行力がないと、まとまった老後資金を作るのは至難の業です。

たとえば20年間で２０００万円貯めるケースを考えてみましょう。定期預金で貯めるなら月々８・３万円積み立てる必要があります。家計をやりくりするにはかなり厳しい金額です。

では、運用の力を借りることができるなら、月々の積立額はどの程度に抑えられるでしょうか？

年３％で運用できるとすると月６・２万円、年５％で運用できるなら月５万円の積立で２０００万円を準備することが可能になります（税金は考慮せず）。

この積立額でも家計にとって厳しいのは変わりませんが、ずっと現実的になったはずです。

複利の効果（24ページ）を味方につけることで、大きなまとまったお金を準備しやすくなるのです。そのためには、できるだけ早く始めて少しでも長い期間をかけて準備することが大切です。

初心者が始めやすいさまざまなしくみ

まったく知識のない状態から資産運用を始めるのは簡単なことではありません。少しずつでも勉強を始めてみましょう。

ただ、たくさんの書籍を読んだからといって、資産運用が上手になるわけでもありません。やはり一番の勉強は実際に運用をしてみることです。

最初は失敗もあるでしょう。また、経済ショックなどによる暴落に巻き込まれることもあるかもしれません。長期間運用をするなら、残念ながら経済ショックを何度か経験することになります。こうした嫌な経験も含めて資産運用の経験です。いいときばかりではないのが現実です。

新しいことを始めるときに心がけたいのが「小さく始めること」。また、資産運用は長期間続けてこそ成果を得やすいのですが、どうしても性に合わないという人もいます。

やめたいと思ったときに「撤退しやすいこと」もポイントです。

つみたてＮＩＳＡは非課税枠が年40万円しかありませんが（※１）、小さく始めるには十分です。小さな金額でもコツコツ利用すれば大きな金額を非課税で運用できます。

通常であれば運用益には約20％かかる税金が、非課税になるメリットも資金準備を手助けしてくれるでしょう。

また、いつでも売却でき撤退しやすいのも、初めての資産運用にはピッタリの特徴です。

さらにつみたてＮＩＳＡ（※２）には、初めて運用する人に心強い特徴があります。

つみたてＮＩＳＡ（※２）で利用できる投資商品は、金融庁が定めた条件を満たした商品のみ。販売手数料がゼロ、運用中のコストである信託報酬が一定水準以下など、長期の積立・分散投資に適した条件を満たしている商品しかラインナップされていません（１０８ページ参照）。

どんな投資商品でも運用成果は相場次第です。でも、知らないうちに異常に高いコストを負担していたといった、外れを引いてしまうリスクは小さいので安心して投資できます。

長期間にわたり運用できるなら、運用するリスクより運用しないリスクのほうが大きくなります。

証券会社によっては月１００円からできるつみたてＮＩＳＡ（※２）もありますので、今もし運用を始めようか迷っているなら、まず口座を開設して少額から始めてみましょう。

（※1）2024年の新制度開始後は年120万円、（※2）2024年からは新NISAのつみたて投資枠

図12 つみたてNISA（2024年からは新NISAのつみたて投資枠）の概要

利用できる人	日本に住んでいる18 歳以上の人。 ただし、つみたてNISAと一般NISAは どちらか一方を選んで利用する （2024年からの新制度では併用可）。
非課税対象	一定の投資信託への投資から得られる分配金や譲渡益
口座開設可能数	1人1口座（※1）
非課税投資枠	新規投資額で年間40万円が上限（※2）。 （2024年からの新制度では年間投資額の上限は 120万円。生涯投資額の上限は1800万円）
非課税期間	最長20年間（2024年からの新制度では無期限）
投資可能期間	2018年～2023年 （2024年からの新制度ではいつでも投資可能）
投資対象商品	長期の積立・分散投資に適した一定の投資信託 ○たとえば公募株式投資信託の場合、以下の要件をすべて満たすもの ・販売手数料はゼロ（ノーロード） ・信託報酬は一定水準以下（例：国内株のインデックス投信の場合0.5％以下）に限定 ・顧客一人ひとりに対して、その顧客が過去1年間に負担した信託報酬の概算金額を通知すること ・信託契約期間が無期限または20年以上であること ・分配頻度が毎月でないこと ・ヘッジ目的の場合等を除き、デリバティブ取引による運用を行っていないこと

金融庁ホームページ（一部加筆）

＊1 …NISA口座を開設する金融機関は1年単位で変更可能。また、NISA口座内で、つみたてNISAと一般NISAを1年単位で変更することもできる。
ただし、つみたてNISAですでに投資信託を購入している場合、その年は他の金融機関または一般NISAに変更することはできない。

＊2 …未使用分があっても翌年以降への繰り越しはできないが、2024年からの新NISAでは再利用可能。

つみたてNISA & iDeCo は こんなふうに使い分ける

iDeCoは将来の老後への資金作りなどに利用する

老後の資産作りに特化した制度

「マイホーム」「教育」「老後」人生の３大資金の最後が老後資金です。

私たちの人生が長くなることで人生１００年時代といわれるようになりましたが、長くなるのは元気に活動できる現役時代だけではありません。退職後の人生も長くなるのです。

ほとんどの人にとって退職後の人生の収入の柱は厚生年金や国民年金といった公的年金です。

こうした公的年金だけで老後に悠々自適の生活を送れる、と期待している人はほとんどいません。むしろ、公的年金だけでは老後の生活費が足りないので、自分自身でも老後資金を貯めなければと考えている人が多いはずです。

実際に豊かな老後生活を送りたいと考えるならば、公的年金だけではお金が足りないでしょう。

退職前の皆さんにとって、老後資金設計とは、自分が送りたい老後の生活を想像するところから始まります。

世界中、日本中を旅行しながら暮らす、趣味のゴルフやテニスを楽しみたい、晴耕雨読の生活をしたい、友人に囲まれて生活をしたい、などなど、プランはさまざまでしょう。

そのためには、どこに住んで、どのような生活を送るのか。より具体的にすることで、必要になるお金も見えてきます。

将来受け取れる公的年金額は50歳以上の方であれば毎年誕生月に届く「年金定期便」に予想額が表示されています。

50歳未満の方も日本年金機構の「ねんきんネット（https://www.nenkin.go.jp/n_net/）」や厚生労働省の公的年金シミュレーター（https://nenkin-shisan.mhlw.go.jp/）を活用することで、将来受け取れる公的年金の額を概算することができます。

自分が望む老後生活にかかるお金と、公的年金の額を比較してみましょう。公的年金で足りないのであれば、足りない額は自分で準備する必要があります。

もしも、生活費が月５万円不足するなら、年60万円、10年で６００万円、20年で１２００万円、30年で１８００万円の不足です。

退職後の人生が長くなるほど、足りない金額は掛け算で増えます。私たちは何歳まで生きるかわかりませんが、人生がある程度長くなったとしても、お金が不足しないように準備はしておきたいところです。

男性なら95歳、女性なら１００歳くらいまで生きることを想定して老後資金を計算しておいたほうが無難です。

月1万円で72万円の節税効果

ｉＤｅＣｏには運用期間中に発生する運用益が非課税になるとい

図13 iDeCoは老後資金の形成に限定された制度

●iDeCoは途中でお金を引き出せない

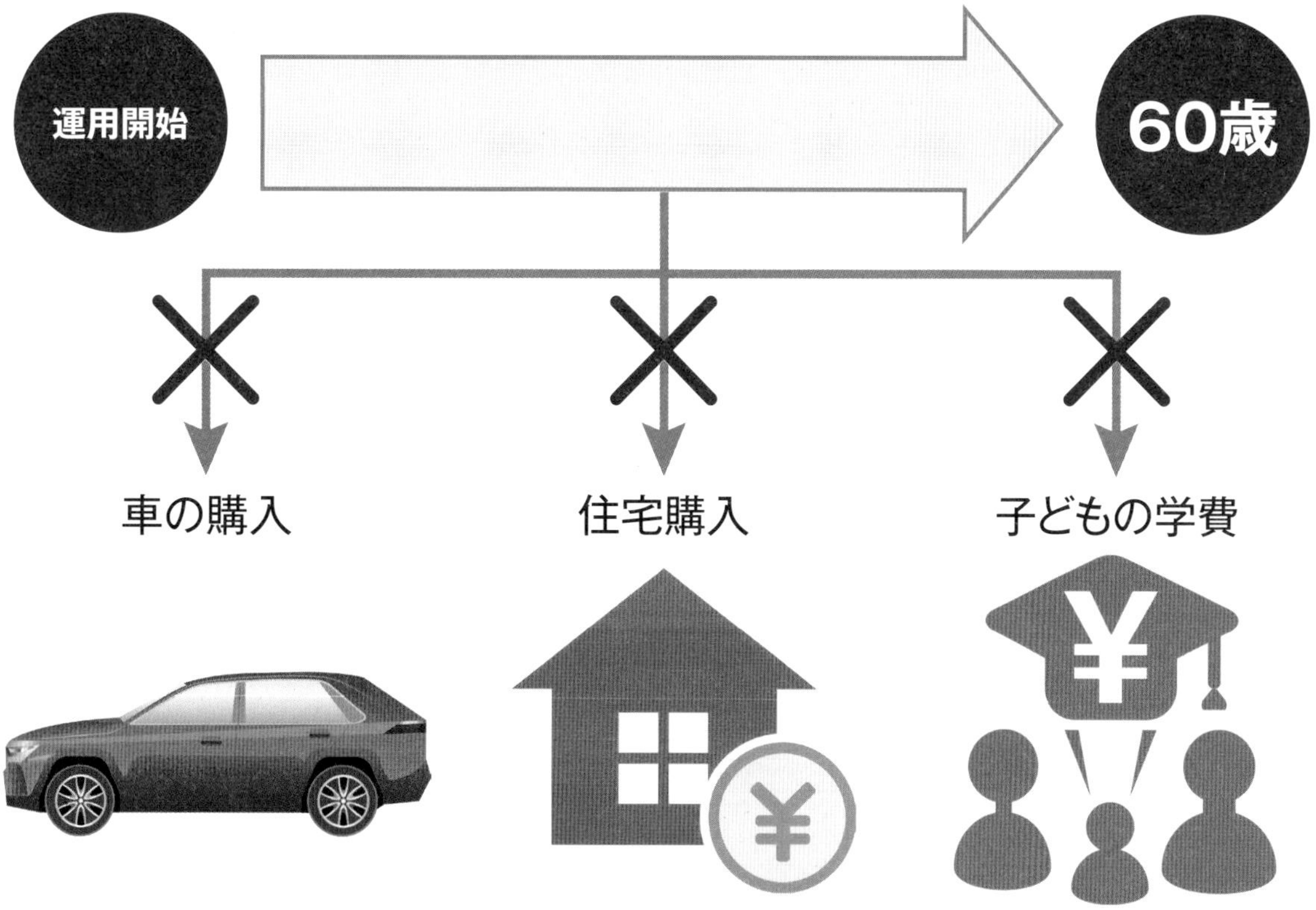

iDeCoの場合、必要な出費があっても原則60歳まで引き出しできない

●しかし、iDeCoは税制メリットが大きい

運用時に得た利益（「積み立てたお金が増えたとき」）に対しては通常約20%の税金がかかりますが、iDeCoもつみたてNISAも運用益が非課税になります。さらにiDeCoの場合は、「掛金を積み立てたとき」と「60歳以降にお金を受け取るとき」にも節税効果を得られるメリットがあります。

つみたてNISA	税制メリット	iDeCo
なし	積立時	掛金を全額所得控除可能
運用益が非課税	運用時	運用益が非課税
なし	受取時	退職所得控除、 公的年金等控除の対象

うメリットがあります。そのぶん、複利効果の威力をフルに得ることが可能になります。

iDeCoの税制メリットは運用期間中だけではありません。積立時、受取時にもそれぞれメリットがあります。

積立時には、その年中に積み立てた掛金はすべて所得控除することができます。たとえば、iDeCoで月1万円の積立をしている場合、その年に積み立てた12万円を所得から控除することができ、そのぶん所得税や住民税が安くなります。

所得税率の高い高所得な人ほど、所得控除による節税メリットを受けることができます。

iDeCoの受け取り方には、「一時金」「年金」「一時金＋年金」の3種類があります。受け取り方によって税金の計算方法が違います。

一時金で受け取る場合、退職所得控除が使え、退職金と同様の計算になります。

年金受け取りの場合、公的年金控除を使い、公的年金と同様に扱われます。いずれも通常の所得よりも優遇された扱いとなっています。

では、実際にiDeCoを活用するとどの程度有利になるのでしょうか。「iDeCo公式サイト」の「簡単税制優遇シミュレーション」で計算してみましょう。

仮に35歳で年収500万円の会社員が、積み立てる掛金が月1万円という設定で計算したところ、30年後の65歳までの積立総額は360万円になります。

この間に所得税36万円、住民税36万円、合計72万円の節税効果があると計算されます。積立時に利用できる所得控除によって、これだけ大きな節税効果を得ることができる制度なのです。

iDeCoの積立額の決め方

つみたてNISA（※）やiDeCoは運用益が非課税になりますが、これは利益が出た場合のメリットであり、損が出た場合には意味がありません。

ところが、所得控除による節税メリットは、利益は関係なく確実に得ることができます。

これだけ大きな節税メリットが組み込まれた制度になっているのは、老後資金に特化した制度だからこそ。それだけに積み立てた資金は60歳まで原則として引き出すことができない仕組みになっています。

月1万円の積立でも、10年で120万円、20年で240万円にもなります。これだけのまとまったお金を動かすことができなくなります。この不便さは老後資金を確実に貯めるという意味ではメリットにもなりますが、上手にやりくりできなければ家計が回らなくなるリスクもあります。

教育費やマイホーム購入資金のような大きなイベント資金が、いつ、いくらかかるのか想定し、将来のやりくりができる範囲でiDeCoの積立額を決めるとよいでしょう。

年齢を重ねたら「攻め」から「守り」の運用に

運用商品が株式投資信託に限られるつみたてNISA（※）に対し、iDeCoでは株式投資信託だけでなく、債券型投資信託やREIT、定期預金なども利用することができます。

ハイリスク・ハイリターン商品から、定期預金や保険のような元本確保型商品まで幅広く選択ができるのがiDeCoのメリットの1つです。

昨今の超低金利環境下では、定期預金や保険のような元本確保型商品に預けてもお金がほとんど増えません。

ところが、iDeCoを利用した場合、掛金の所得控除による節税効果を得ることができれば、元本確保型商品でもメリットは十分です。

20代、30代は株式投資信託を中心にお金を「増やす」時期、50代、60代になると資産を大きく減らさない「守る」時期。

年齢を経るにしたがって「攻め」の運用から「守り」の運用へ、債券型投資信託や定期預金、保険の比率を上げることで移行することができます。

（※）2024年からは新NISAのつみたて投資枠

図14 iDeCoで利用できる商品

つみたてNISA（※）の対象商品

投資信託や
ETFを通して投資

- 国内株式型
- 外国株式型
- バランス型

資産を
大きく減らさない
「守り」の時期に入ったら
「元本確保型」

50〜60代

若いときは、
お金を増やす
「攻め」の時期なので、
「元本変動型」で
積極的に運用

30〜40代

老後資金は
iDeCoを活用し
小さな金額で積立を続け、
教育費などはいつでも
お金を使える
つみたてNISA（※）を使って
積み立てるのが
1つの方法

（※）2024年からは新NISAのつみたて投資枠

つみたてNISA & iDeCoは こんなふうに使い分ける

つみたてNISAとiDeCoの違いを理解して効率的な資産形成

iDeCoでは掛金の限度額を考慮

つみたてＮＩＳＡとｉＤｅＣｏは併用することができます。それぞれの特徴を生かして上手に併用できると、より一層効率的に資産形成することが可能です。

これらの制度は税制メリットがあるだけに、それぞれ積立できる金額に制限がありました。制限枠内での積立では必要な金額を貯め切れないかもしれません。

ｉＤｅＣｏは公的年金の種類や勤め先の企業年金の違いなどによって、掛金の限度額が変わります。たとえば自営業者であれば、上限額は月６・８万円（年81・6万円）。上限一杯活用し20年積み立てれば元金だけで１６３２万円にもなります。運用が上手くいけば２０００万円以上の老後資金を作ることができる水準です。一方で、公務員であれば上限額は月１・２万円（年14・4万円）です。20年積み立てたとしても元金は２８８万円にしかなりません。運用益を考慮しても、十分に老後資金を貯めることはできないでしょう。

自営業者は公的年金が少ない分、できるだけ老後資金は貯めたいところです。会社員であればｉＤｅＣｏの上限額が低く、力不足であることは否めません。とはいえ、ｉＤｅＣｏは60歳までお金を使えない「積み立てすぎ注意」の制度です。教育資金や住宅資金など大きな資金需要の大きさと時期を確認し、やりくりできる範囲で積み立てる必要があります。

2つの制度の使い分け

こうした制約を考えると、老後資金はｉＤｅＣｏを活用し小さな金額で積立を続け、教育費などはいつでもお金を使えるつみたてＮＩＳＡ（※）を使って積み立てるのが一案です。

大きな資金需要に対するメドがついてから退職に向けて、ｉＤｅＣｏの積立額を大きくするといった資金管理も必要になることと思います。

この場合、一気に貯めたいのにｉＤｅＣｏの上限枠が低すぎるとより一層感じるでしょう。つみたてＮＩＳＡを併用しても、非課税枠は年間40万円にすぎません。

もっとスピード感を持って積み立てたいなら、一般ＮＩＳＡを併用する方法もあります。

一般ＮＩＳＡは非課税期間が５年と短いものの、非課税枠が年１２０万円と大きな点がメリットです。また、つみたてＮＩＳＡでは投資できない個別株などにも投資できます。

２０２４年からは新ＮＩＳＡへ移行し、つみたて投資枠（１２０万円）と成長投資枠（２４０万円）を併用することができるようになります（現行のつみたてＮＩＳＡと一般ＮＩＳＡは併用不可）。ｉＤｅＣｏと併用すればさらに一気に貯めることができます。

（※）2024年からは新NISAのつみたて投資枠

図15 iDeCoとつみたてNISAの比較

iDeCo		つみたてNISA(※)
20歳以上~65歳未満	加入条件	18歳以上
年間14万4000円~81万6000円(働き方などにより異なる)	拠出・投資枠上限	年間40万円(2024年からの新NISAでは年間120万円)
受け取り終了まで(最長95歳まで)	非課税で運用できる期間	最長20年(2024年からの新NISAは無期限)
掛金:全額所得控除可 運用益:非課税 受取時:税控除あり	税制優遇	運用益:非課税
投資信託、定期預金、保険商品	投資商品	一定の条件を満たした投資信託、ETF(ETFは一部金融機関のみ)
加入時、運用時、受取時に発生(口座管理手数料、信託報酬など)	手数料	運用時に発生(信託報酬など)
積立	投資方法	積立
原則60歳まではできない	出金	いつでも可能

(注)2024年以降のNISA新制度の詳しい内容は7ページの図などをご参照ください

(※)2024年からは新NISAのつみたて投資枠

新しくなるNISA

制度を理解して運用効率を高めよう

まとまった金額の投資ができる

本書ではｉＤｅＣｏとつみたてＮＩＳＡについて主にご紹介していますが、一般ＮＩＳＡも知っておきたい制度です。

一般ＮＩＳＡはつみたてＮＩＳＡに比べ非課税枠が年１２０万円と大きいことが特徴です。非課税期間は5年と短いですが比較的まとまった金額の投資をすることが可能です。

新ＮＩＳＡで非課税枠は増枠

もっとも、非課税枠や非課税期間を考えるのであれば、２０２４年から始まる新ＮＩＳＡ制度のほうがメリットははるかに大きいでしょう。

現行の一般ＮＩＳＡは２０２３年の新規投資分までの制度になりますが、この投資枠は２０２４年からの新ＮＩＳＡ制度とは別枠になります。

２０２４年からの非課税投資上限額（生涯投資枠）は１８００万円ですが、２０２３年中に現行の一般ＮＩＳＡを始めれば、一般ＮＩＳＡの２０２３年の投資枠（１２０万円）と合わせて１９２０万円まで非課税投資が可能になります。したがって２０２４年から新ＮＩＳＡが始まるのを待ってから投資を始めるより、２０２３年中に始めたほうが、メリットも大きいといえます。

新ＮＩＳＡの多様なメリット

２０２４年から始まる新ＮＩＳＡには、そのほかにもたくさんのメリットがあります。

その一つが「ＮＩＳＡの恒久化」です。現行のＮＩＳＡ制度では、非課税で投資できる期間は、当初一般ＮＩＳＡが２０２３年まで、つみたてＮＩＳＡが２０３７年までの期限付きでした。

その点、２０２４年からの新ＮＩＳＡでは、非課税保有期間が無期限になるうえ、口座開設期間も恒久化されますので（現行制度では２０２３年まで）、期限を気にせず投資ができます。現行ＮＩＳＡでは手間だったロールオーバーや、商品の課税口座への移管といった作業も不要です。

新ＮＩＳＡのその他のメリットや現行制度のＮＩＳＡ制度との違いについては、左ページの図をご参照ください。

図16 一般NISAと新NISAの比較

●現行のNISA制度と2024年から始まる新しいNISA制度

	現行のNISA制度		2024年からの新NISA制度	
	つみたてNISA	一般NISA	つみたて投資枠	成長投資枠
年間投資枠	120万円（一般NISAを選択したとき） 併用不可		計360万円	
	40万円	120万円	120万円	240万円
非課税保有期間	20年	5年	無期限	
非課税保有限度額	800万円	600万円	1800万円	うち成長投資枠1200万円
口座開設期間	2023年末まで		2024年からいつでも（恒久化）	
投資対象商品	長期の積立・分散投資に適した一定の投資信託	上場株式・投資信託など（高レバレッジ型および毎月分配型の投資信託などを除く）	長期の積立・分散投資に適した一定の投資信託	上場株式・投資信託など（高レバレッジ型および毎月分配型の投資信託などを除く）
対象年齢	18歳以上		18歳以上	
制度の併用	不可		可能	

2023年末までに現行の一般NISAおよびつみたてNISA制度において投資した商品は、新しい制度とは別に、現行制度の非課税措置を適用（現行制度から新しい制度へのロールオーバーは不可）

参照：金融庁ホームページなど

Column

ネット証券なら初心者でも簡単
口座開設手続き

「口座開設手続きって難しい」と考えている人も、
実際にやってみると、
意外に簡単だということがわかります。

◆図17　楽天証券でつみたてNISAの口座開設にチャレンジしてみました。
※すでに楽天証券に証券口座（総合口座）を開設済みのケース

❶証券口座（総合口座）ログイン後画面の上部にある「つみたてNISA／NISA」のタブをクリック

❷「はじめてNISA口座を申込む方」をクリック

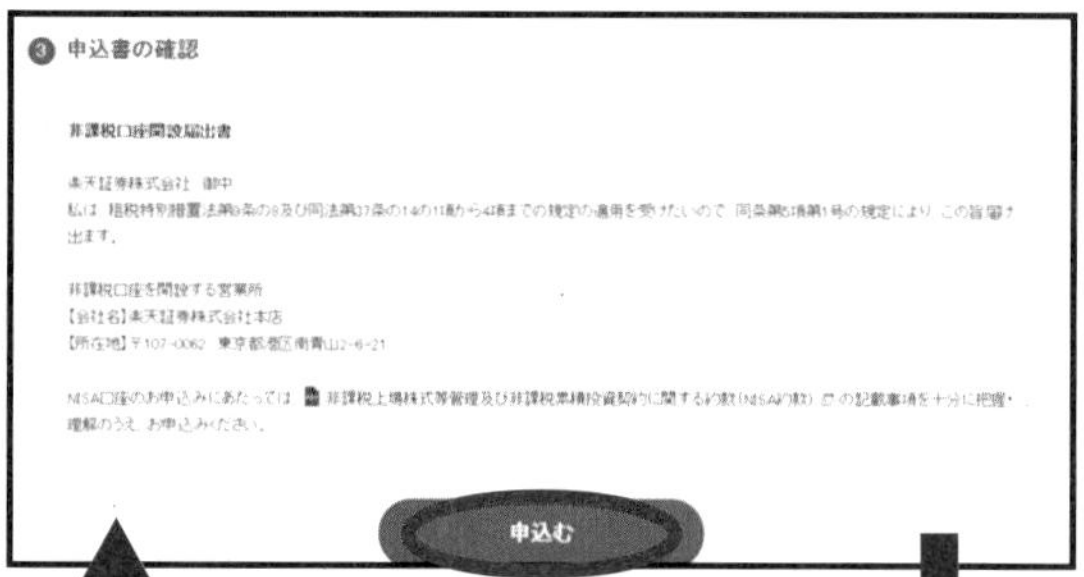

❹同じページの下部にある「申込む」をクリック

❸「口座の選択」で「つみたてNISA」をクリック

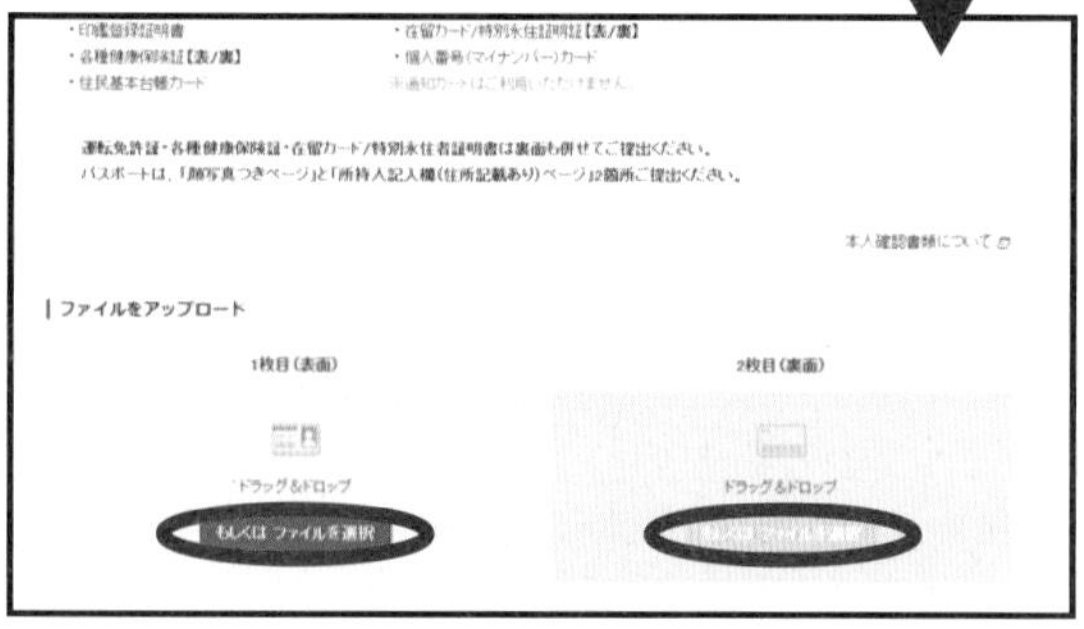

❺本人確認書類のアップロード

このような流れで、約5分で手続き完了！
（所要時間には個人差があります）

第3章

勉強編
初めての
「つみたてNISA」
「iDeCo」と
「新NISA」

これで完璧！

つみたてNISA

2023年中までの買付分は20年間非課税で保有できる

投資で得た利益が非課税になる制度

「つみたてNISA」については、2024年から新しい制度が始まりますが、ここでは現行の制度も合わせて解説します。

つみたてNISAは、特に少額からの長期・積立・分散投資を支援するための非課税投資制度で、2018年1月からスタートしました。

つみたてNISAの魅力は投資から得た利益を非課税で受け取れることです。年間の投資枠は年40万円で非課税保有期間は20年です。

通常の株式投資などでは、値上がりした株式や投資信託を売却して得た利益、配当金などには約20%の税金がかかりますが、つみたてNISAでは課税されません。

たとえば投資で20万円の利益を得た場合、通常は約4万円の税金が引かれますので、手元には16万円しか残りません。しかし、つみたてNISAで得た利益は非課税なので、20万円がまるまる手元に残ることになります。

この制度を利用できるのは、日本に住んでいる18歳以上の人になります。開設できる口座は、1人1口座です。

新NISAと合わせてメリットを最大限享受

投資信託には膨大な種類がありますが、つみたてNISAの対象となる商品は、金融庁が設定した条件を満たした投資信託とETF（上場投資信託）に限定されています。

いずれも手数料が低く、頻繁に分配金が支払われないなど、長期・積立・分散投資に適しており、投資初心者だけでなく投資経験者にとっても安心で利用しやすい商品ラインナップになっています。

2023年に購入した投資信託は20年間の非課税期間中（2042年まで）は非課税で利益を受け取ることができます。

加えて、2024年から始まる新NISAでは、非課税期間は無期限になり、年間の投資上限額（つみたて投資枠）も120万円、生涯投資限度額1800万円と、大幅に引き上げられます。

新NISAの限度枠は現行のNISAとは別枠になるので、2023年に40万円の年間投資限度額をフルに使って投資しても、新NISAの投資枠が減ることはありません。

図18 2024年からの新NISAと現行NISAをダブルで活用

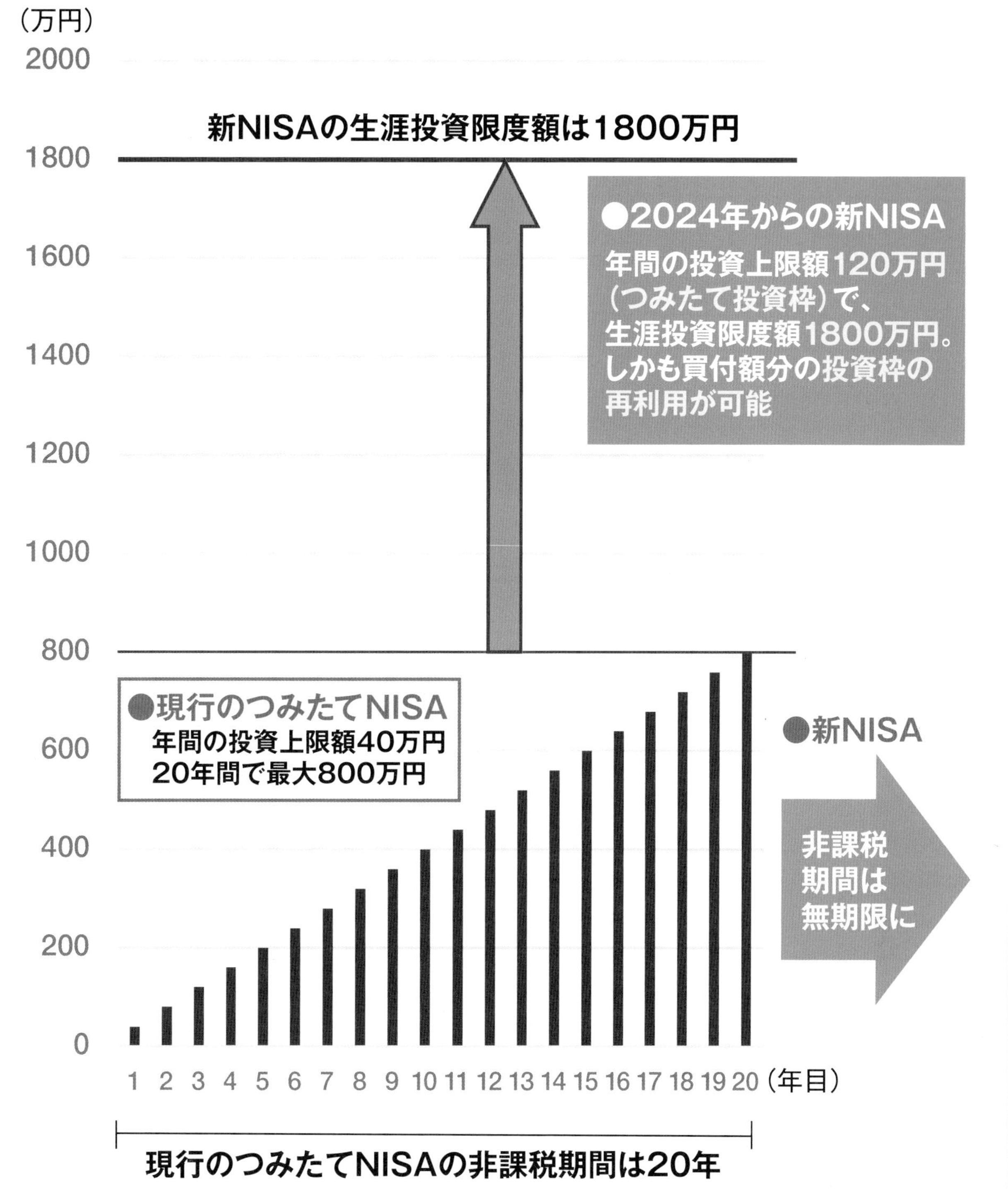

（万円）

新NISAの生涯投資限度額は1800万円

●2024年からの新NISA
年間の投資上限額120万円
（つみたて投資枠）で、
生涯投資限度額1800万円。
しかも買付額分の投資枠の
再利用が可能

●現行のつみたてNISA
年間の投資上限額40万円
20年間で最大800万円

●新NISA

非課税
期間は
無期限に

1 2 3 4 5 6 7 8 9 10 11 12 13 14 15 16 17 18 19 20 （年目）

現行のつみたてNISAの非課税期間は20年

⇒2023年に購入した投資信託は20年間の非課税期間中（2042年まで）は非課税で利益を受け取れる

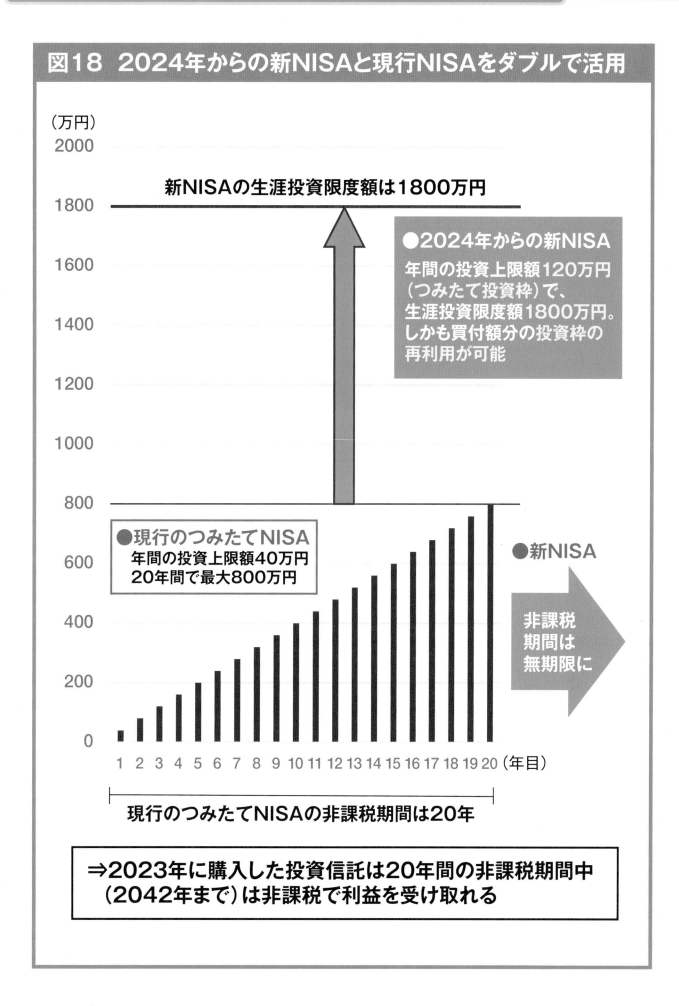

これで完璧！

つみたてNISA（※）利用しやすい制度

〜少額でも可能で、ほったらかしでもできる

初心者が始めやすい つみたてNISA（※）

つみたてNISA（※）は投資初心者でも使いやすい制度です。それは、次に挙げる5つの特徴によって、比較的投資がしやすくなっているからです。

❶少額からでも投資できる

特徴の1つ目は、100円の少額からでも運用が始められるその「手軽さ」です。もちろん、余裕のある人はもっと多くの金額を投資に回すこともできます。

年間に投資できる金額の上限は40万円ですから、月々の積立額にすると3万3333円。少し頑張れば限度額までフルに使うのも難しいことではありません。

❷節税メリットがある

通常、投資で得られた運用益には約20％の税金がかかりますが、つみたてNISA（※）なら、運用がうまくいってたくさん儲けても、その利益は非課税になります。

たとえば、2023年はつみたてNISA、2024年以降は新NISAを利用して、年間40万円を20年間積み立てると、800万円分の投資をすることになります。その800万円（＝元本）から10％の利益が生まれると80万円です。

通常なら、そこから約20％（16万円）の税金が引かれ、64万円が手取りです。つみたてNISAや新NISAの場合は非課税なので、まるまる80万円が手元に残ります。

❸安心の商品ラインナップ

つみたてNISA（※）で投資できる商品は投資信託だけです。投資信託には種類が何千とあり、その中から初心者が商品を選ぶのは大変です。しかし、つみたてNISA（※）の場合は、金融庁の定めた条件を満たした商品だけがラインナップされていますので、安心してその中から選ぶことができます。とはいえ、何を選んでも利益が出るということではないので、注意してください。

❹長期の積立投資のメリット

投資の時期を分散し、平均購入単価を安くできることができます。これは「ドルコスト平均法」（左ページ下図参照）の効果によるものです。

投資する投資信託を選ぶだけで、あとは自動的に一定のタイミングで買い付けられるので、相場を逐一チェックする必要がなく、「ほったらかし」でも積立できます。

また、運用期間が長期になるほど、利益が利益を生む「複利の効果」を得ることができます（24ページ参照）。

❺いつでも売却できる

つみたてNISA（※）の特徴の最後は、お金が必要になったとき、いつでもその全部または一部を売却してお金にできる点です。これは原則60歳まで引き出すことができないiDeCoとの大きな違いです。

初心者であれば、まずこのつみたてNISA（※）から始めてみるのがよいでしょう。

（※）2024年からは新NISAのつみたて投資枠

図19 つみたてNISA（※）は利用しやすい制度

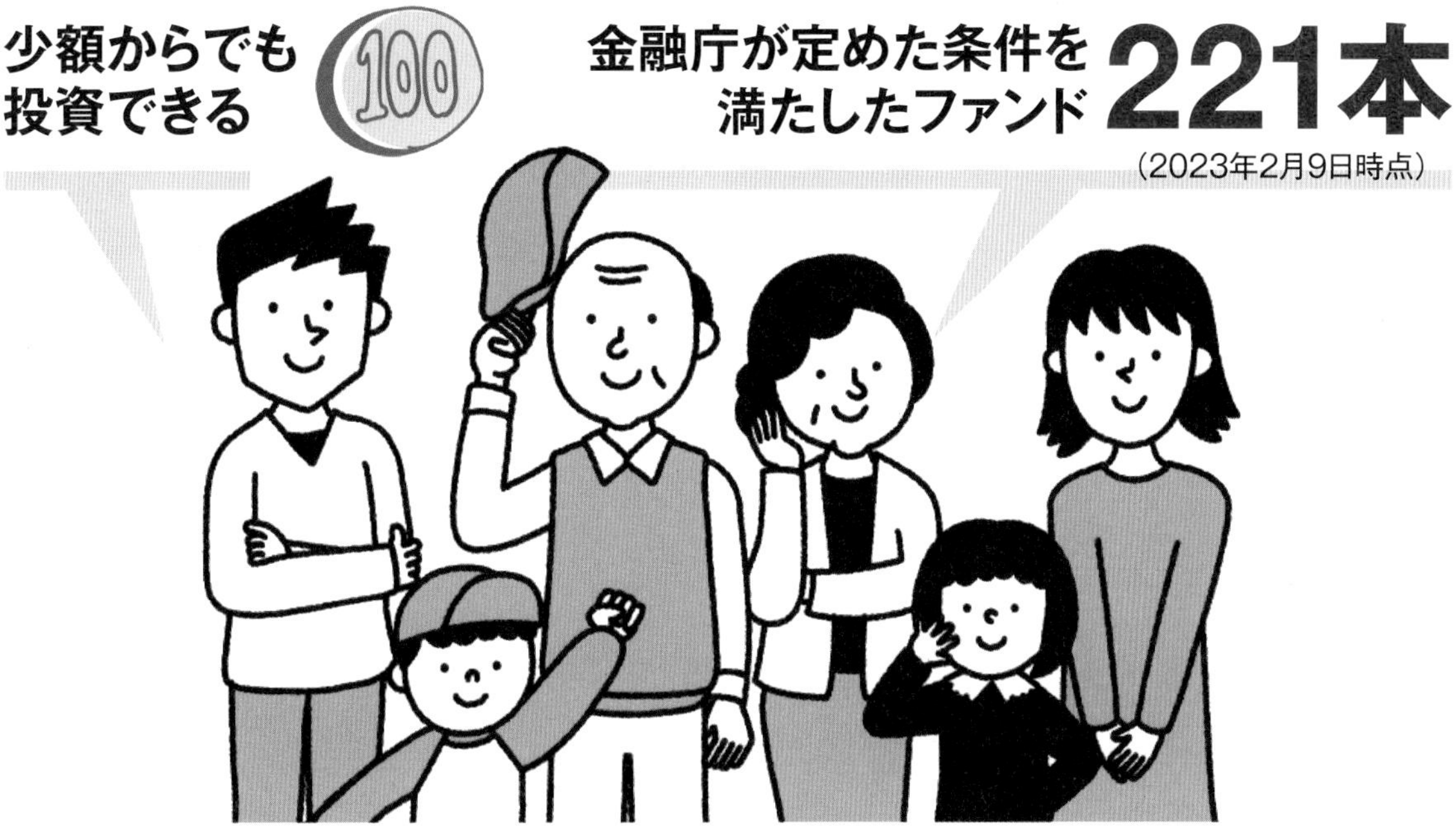

少額（金融機関によっては100円）から投資できる、金融庁の定めた条件を満たした商品だから安心して選べる、ライフイベントに合わせて自由に引き出しができるなど。

図20 ドルコスト平均法

●みかんを毎月1000円買うと……

毎月みかんを1000円分だけ買うと決めておくと、100円なら10個、50円なら20個買える。つまり安いときにはたくさん買えて、高いときには少しだけ買うことになる。価格の上げ下げが続くことで平均購入単価が下がり利益が得やすくなるしくみ。

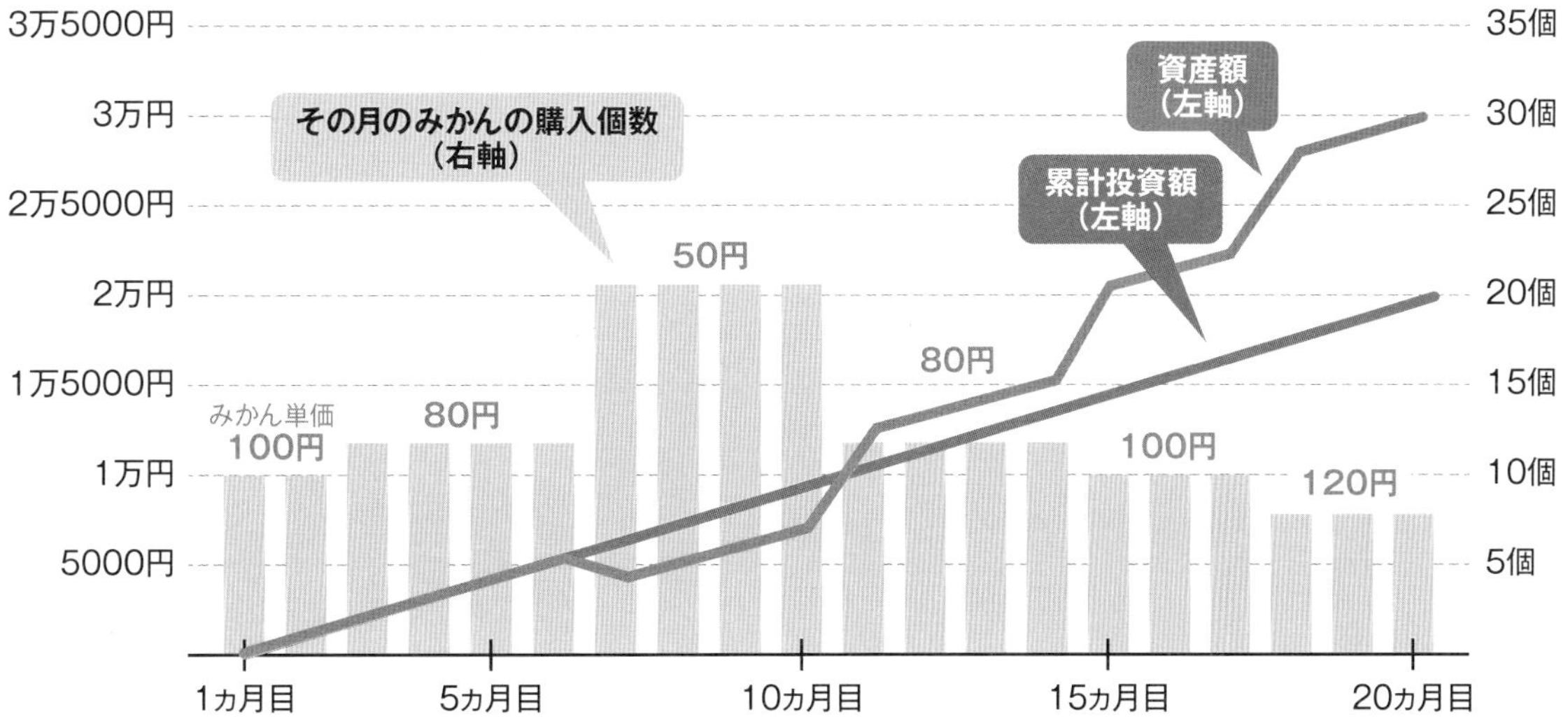

これで完璧！

つみたてNISA（※）

金融機関の選び方

〜商品数や積立の自由度など自分に合った金融機関を探す

自分に合った金融機関をしっかり調べて探す

つみたてNISA（※）を始めるには、証券会社や銀行でつみたてNISA（※）口座を開設しなければなりません。

口座は1人1つのみで、金融機関を変更する機会は年に1回だけと限られています。

金融機関によって取り扱う商品やサービスが異なるため、口座開設前に自分に合った金融機関がどこかをしっかり調べることは重要です。

金融機関を選ぶポイントとしては、①取扱商品数、②最低積立額、③積立の自由度、④対応している引き落とし銀行――の4点に注目しましょう。

金融機関を選ぶ際の4つの重要ポイント

❶取扱商品数

投資したい商品が決まっていない場合は、取り扱い数の多い金融機関を選びましょう。その点、商品ラインナップが豊富で、手続きも簡単なネット証券が便利です。大手ネット証券会社なら150本以上の商品を取り扱っているほか、提供される投資情報の種類も量も豊富です。

一方、ネットやパソコンに不慣れで、わからないことも対面で聞きたいという人は銀行でもいいでしょう。ただし、取り扱い商品の数は大手銀行でも数本〜十数本です。また、対面サービスの場合はセールスの勧誘を受けることがあるかもしれません。

❷最低積立額

少額から投資したい人には、ネット証券がおすすめです。毎月100円の少額から積立できるところもあります。大手銀行や店舗型の総合証券会社の多くは、1000円以上、1000円単位と大きくなります。

❸積立の自由度

基本的には、どの金融機関でも「毎月」の積立が可能です。「毎週」や「毎日」の積立、あるいはボーナス月に積立額をプラスしたいなどの自由度を求める場合は、一部のネット証券が対応しています（左ページ下図参照）。

❹対応している引き落とし銀行

積立をする場合、普段使用している預金口座から自動引き落としされれば、投資の手間が1つ省けます。

その点、多くの金融機関と提携している大手ネット証券会社なら、自分の預金口座と連携できる可能性が高いでしょう。一方、大手銀行の場合は自行対応が多くなっているため、注意してください。

そのほか、つみたてNISA（※）を利用すると、金融機関によっては条件に合った投資信託をAIが自動で選別し提案するロボアドバイザーの機能や、おすすめの投資信託を紹介してくれる資産設計アドバイスツールが利用できるところもあります。

（※）2024年からは新NISA

図21 ネット証券と銀行、どっちを選ぶ?

●ネット証券と銀行の特徴比較

	ネット証券	銀行
商品数	178(※1)	8(※2)
引落銀行	大手は全国の銀行などに対応しているところが多い(※3)	自行のみが多い(※4)
こんな人向け	PCやスマホの利用に苦がなく、運用スタイルや商品を自分で選びたい人	PCやスマホの操作が苦手な人、対面でじっくり相談したい人、サポート重視の人など

(※1)楽天証券、SBI証券、松井証券、auカブコム証券、マネックス証券の平均。(※2)三菱UFJ、ゆうちょ、みずほ、りそな、三井住友の各行の平均。(※3)※1の各社のサービス内容を参照。(※4)※2の各行のサービス内容を参照。(データは2023年2月7日現在)

図22 証券会社によって取り扱い商品数などが違う

●大手ネット証券会社の特徴比較

証券会社	取扱商品数(本)	最低積立額(円)	積立の自由度
楽天証券	187	100	毎月/毎日
SBI証券	187	100	毎月/毎週/毎日
マネックス証券	152	100	毎月/毎日

参照:各社ホームページ(2023年2月7日現在)

これで完璧！ つみたてNISA

口座開設方法

〜一般NISAからの変更手続き方法もこれで完璧

ネット証券なら手続きも簡単

金融機関が決まったら、次は口座開設の申し込みです。

やはり便利なのは、Webサイトから口座開設の申し込みができるネット証券会社でしょう。

ネット証券での手続き方法は、だいたい同じです。総合口座開設の申し込みページで口座を同時に開設するよう選択すれば、証券口座（総合口座）と「つみたてNISA」口座を同時に申し込みできます。本人確認書類はマイナンバーカードなどを撮影し、パソコンやスマートフォンでアップロードするだけなので簡単です。

証券会社に申し込みをする場合は、初めての取引か、すでに証券口座（総合口座）を持っているかで、手続きが異なります。

総合口座を開設済みの場合は、つみたてNISA口座の開設届出書と、本人確認書類を提出するだけです。総合口座が未開設の人は、総合口座の開設書類も必要です。

銀行の場合でも、申し込みの手順はほぼ同様です。使ったことのない銀行であれば、投資信託口座とつみたてNISA口座に加えて、普通預金口座の開設を申し込みます。申し込みは実店舗で行うことも可能ですが、インターネットバンキングに登録していればWebサイト上でも申し込むことができます。

なお、証券会社でも銀行でも、基本的にマイナンバーが必須です。マイナンバーカードを持っていない場合、通知カードやマイナンバー記載の住民票の写しを用意しておきましょう。加えて、免許証や健康保険証などの本人確認書類が必要です。

必要書類を提出すると、金融機関が税務署に申請し、税務署で審査・承認が行われます。

新規開設の場合、最短で申し込み後数日で取引可能になります。金融機関からメールや封書で、口座開設の通知が来たら、早速サイトにログインしましょう。パスワードを設定して、取引を始めることができます。

つみたてNISAや一般NISAの口座を保有していれば、2024年からは同じ金融機関で自動的に新NISA口座が開設されます。新NISAへの移行手続きは必要ありません。

図23 わかりやすいネット証券

ネット証券のWEBサイトには、つみたてNISAやiDeCoの案内がわかりやすいところに表示されている

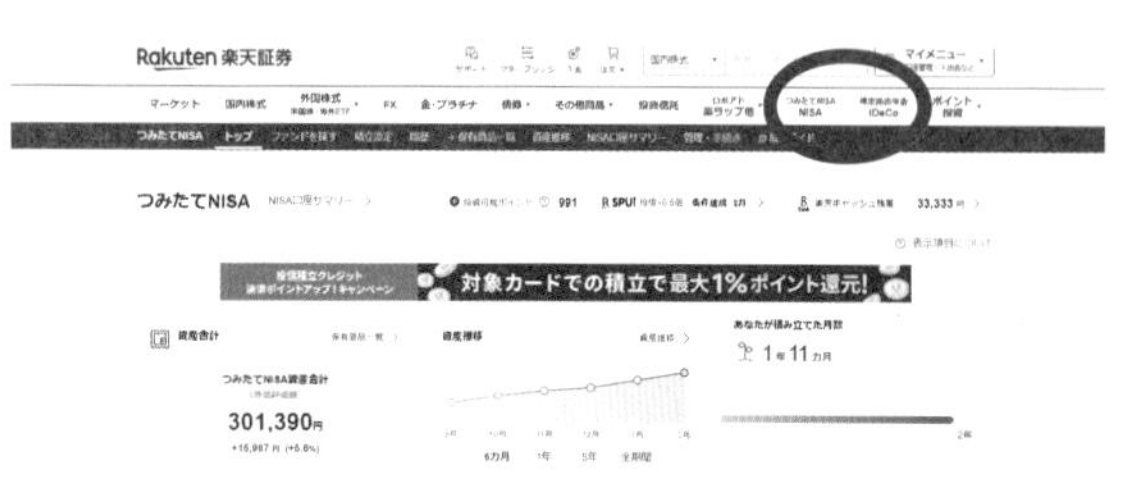

図24 口座開設の手続き

●つみたてNISA口座開設手続きの流れ

① 口座開設の申し込み
金融機関から書類を取り寄せ、記入・提出。オンライン手続きできる証券会社も(※)

② 税務署への申請・確認
金融機関が税務署に口座開設の申請を行う。

③ 口座開設完了の連絡
金融機関から口座開設の通知が送られてくる

④ 運用開始!
口座に入金して運用開始！

※ネット証券のWEBサイトから直接申し込む場合は、本人確認書類やマイナンバーカードをアップロードすることで郵送が不要な場合もある。

●一般NISA⇒つみたてNISAへの変更手続きの流れ

（※金融機関変更を伴わない場合）

◆ネット証券なら変更手続きはカンタン!

NISA口座（一般NISA／つみたてNISA）区分変更の方法

区分変更の申込み

楽天証券にログイン後、「NISA・つみたて NISA」⇒

■ 一般NISA ⇒ つみたてNISA
「口座開設・区分変更」⇒「NISA口座区分を変更する」をクリック

■ つみたてNISA ⇒ 一般NISA
「管理・手続き」⇒「口座開設・区分変更」⇒
「NISA口座区分を変更する」をクリック

区分変更の完了

お手続きはリアルタイムで完了します。
メールとログイン後のお知らせでお手続き内容をご確認ください。

楽天証券ホームページより

一般NISAで1度でも買付を行うと、翌年までつみたてNISAへの変更ができません。また、一般NISAとつみたてNISAの併用はできませんので注意しましょう。

これで完璧！ つみたてNISA

ファンドの選び方

～インデックス、アクティブ、バランス、ETFなど

信託報酬や手数料も考えて選ぼう

次は、投資する商品の選び方のポイントです。

つみたてＮＩＳＡ（※）の対象商品は、金融庁が定めた条件をクリアした商品に限定されています。たとえば、手数料が低めに抑えられている、頻繁に分配金が支払われないなど、長期・積立・分散投資に適した商品に限定されており、投資初心者だけでなく投資経験者にも利用しやすい仕組みとなっています。

気になる運用コストは、販売手数料はゼロ（これを「ノーロード」といいます）、投資信託の運用や管理にかかる信託報酬は一定水準以下に抑える、という条件になっています。ただし、投資信託の種類によって信託報酬の上限に違いがあるので、左ページの表を参考にしてください。

長期間積立投資すれば金額が膨らんでいきますので、運用コストを安く抑えるに越したことはありません。左ページの図でいうと、コストが低い順から、ＥＴＦ、インデックス型、バランス型、アクティブ型という順番になります。これらの内容を１つ１つ見ていきましょう。

インデックス型はコストも低め

ＥＴＦとは、証券取引所に上場している投資信託のことです。株式と同じように、市場の取引時間中はリアルタイムで売買することができます。同じ指数に連動する投資信託の信託報酬よりも低く設定されていますが、売買手数料がかかります。

次に信託報酬が安いのは、インデックス型の投資信託です。日経平均株価（日経２２５）やＴＯＰＩＸ（東証株価指数）のような指数（インデックス）と同じ値動きをするように設計されています。

バランス型の投資信託は、インデックス型より多少コストは高くなりますが、国内外の株式や債券、不動産など複数種類の資産がセットになっているので、一本の購入で幅広く世界中に分散投資できることも魅力です。また、バランス型は、株式の組み入れ比率が高くなるほど高いリターンを得られる可能性が高まるぶん、価格の変動幅が大きくなり、リスクが高くなります。

最後のアクティブ型は、株価指数などの指標を上回る利益を目指すファンドです。運用会社のファンドマネジャーたちが、さまざまな調査や分析を行い、独自の見通しや投資判断に基づいて運用します。そのため、大きなリターンを獲得できる可能性がありますが、調査費用などをまかなうぶん、コストは高めになっています。

コストに見合ったリターンが得られそうかどうかは、過去の運用実績などを調べてみるといいでしょう。

（※）2024年からは新NISAのつみたて投資枠

図25 つみたてNISA（※）の対象商品とその要件

●つみたてNISA（※）の対象商品の要件まとめ

対象商品の特徴	
販売手数料	ゼロ（ノーロード）
信託報酬	一定水準以下（例：国内株のインデックス投信の場合0.5%以下）に限定
信託契約期間	無期限または20年以上
分配頻度	毎月でないこと
その他	●顧客１人１人に対して、その顧客が過去1年間に負担した信託報酬の概算金額を通知すること ●ヘッジ目的の場合等を除き、デリバティブ取引による運用を行っていないこと

金融庁資料を基に作成

●つみたてNISA（※）の対象投資信託の種類

インデックスファンド

日経平均株価やTOPIX、米国のS&P500など、市場平均指数（インデックス）と同じような動きをする運用を目指す投資信託。代表的な指数に連動するものが多く、情報も得やすいので初心者にもわかりやすい。

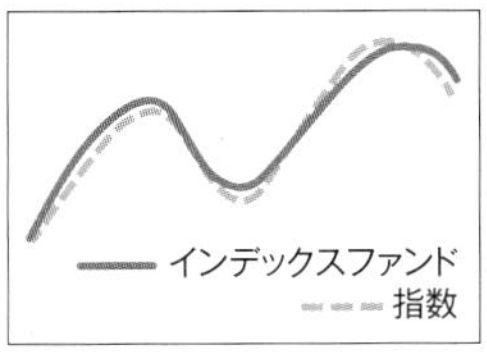

アクティブファンド

株価指数などの指標を上回る利益を目指す投資信託。運用会社が独自のテーマなどに基づいて銘柄を選別して運用するため、ファンドマネジャーなどの人的コストがかかるぶん、信託報酬がやや高め。

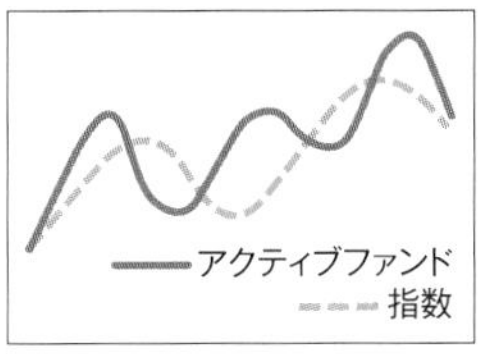

バランス型ファンド

株式や債券、リートなど、複数の資産に分散投資する投資信託。値動きの異なる複数の資産を組み合わせて運用するため、それぞれの値動きが一部相殺され、価格変動リスクを低減する効果が期待できる。

ETF（上場投資信託）

証券取引所に上場している投資信託のこと。1日1回しか取引できない投資信託に対し、ETFは株式と同様、取引時間内に相場の動きを見ながら売買ができる。信託報酬も安め。つみたてNISAでは一部金融機関でのみ取引可能。

（※）2024年からは新NISAのつみたて投資枠

これで完璧！ つみたてNISA（※）

積立金額を設定する

～年間40万円の投資枠でどう積み立てるか？

積立頻度や金額は限度枠内で自由に設定

つみたてＮＩＳＡ（※）では、毎月積立が基本です。価格が常に変動する金融商品は、たまたま価格が高いときに一気に高値で購入してしまう「高値掴み」をしてしまう可能性がありますが、毎月の積立ならそんな不安もありません。

店舗型の証券会社や銀行では、毎月１０００円以上、１０００円単位で積み立てるのが一般的ですが、ネット証券などでは最低１００円から、１円単位で積み立てられる場合もあります。積立頻度を「毎月」ほか、「毎日」「毎週」の３パターンから選べたり、ボーナス月に掛金を増額できるなどの、自由度が高い金融機関を選ぶと、積立金額設定の自由度も高くなります。

つみたてＮＩＳＡの年間非課税投資枠の上限は年40万円。非課税枠を目いっぱい活用したほうが非課税にできる金額も増えます。

目いっぱい活用するには、いくつかの積立パターンが考えられます。まず、毎月同じ額を積み立てるパターンでは、毎月の積立上限額は３万３３３３円（年間39万９９９６円）と中途半端な金額です。

ボーナス設定で40万円の投資枠を使い切るパターンでは、毎月３万円ずつ積み立て、さらにボーナス月の６月と12月に２万円を上乗せして積み立てます。毎月の積立が３万円×12カ月（36万円）＋ボーナス月の積立が２万円×２カ月（４万円）ですから、合わせてちょうど40万円になります。

さらに毎月３万円の積立が苦しい場合は、１カ月に１万円を積み立て、お金のある月、たとえば３月と９月に14万円を上乗せするという方法もあります。１万円×12カ月（12万円）＋14万円×２カ月（28万円）となり、40万円の上限まで使い切ります。

２０２４年から始まる新ＮＩＳＡ制度では、つみたて投資枠の年間限度額が１２０万円になりますので、毎月10万円というキレのいい数字になります。

金融庁の資産運用シミュレーション

毎月いくら積み立てると、将来いくらになるのかという目標が見えると、積立のモチベーションも上がります。そこで、将来の積立額の概算を知りたい人は、金融庁のＷＥＢサイトにある「資産運用シミュレーション」を使ってみましょう（77ページ下図参照）。

たとえば毎月３万円、年率４％で20年間運用できると、１１００万円程度になるという結果が出てきます。

もちろんこれは「予測」の数字であり、結果は将来にならないとわかりません。しかし、目標もなくただ漠然と積み立てるより、計画的に資産形成をするという意味で、みなさんのお役に立つものだと思います。

（※）2024年からは新NISAのつみたて投資枠

図26 年40万円という投資枠の設定例

●積立金額の設定は自由にできる!

ケース①:毎月同じ金額を積立するパターン

1月	2月	3月	4月	5月	6月	7月	8月	9月	10月	11月	12月
33333円	33333円	33333円	33333円	33333円	33333円	33333円	33333円	33333円	33333円	33333円	33333円

年39万9996円積立

※銀行、大手証券など積立金額が1000円以上1000円単位の場合は
月3万3000円×12カ月=39万6000円が最大の年間積立額になる

ケース②:ボーナス設定で40万円の投資枠を使い切るパターン❶

	1月	2月	3月	4月	5月	6月	7月	8月	9月	10月	11月	12月
ボーナス						2万円						2万円
	3万円	3万円	3万円	3万円	3万円	3万円	3万円	3万円	3万円	3万円	3万円	3万円

年40万円積立

ケース③:ボーナス設定で40万円の投資枠を使い切るパターン❷

	1月	2月	3月	4月	5月	6月	7月	8月	9月	10月	11月	12月
ボーナス			14万円						14万円			
	1万円	1万円	1万円	1万円	1万円	1万円	1万円	1万円	1万円	1万円	1万円	1万円

年40万円積立

●資産運用シミュレーションを使ってみる

金融庁の「資産運用シミュレーション」を使うと、毎月の積立額と想定利回りから将来いくらになりそうかなどシミュレーションができる。

毎月3万円、想定利回り年率4%で20年運用すると、最終金額は1100万3239円の計算になる

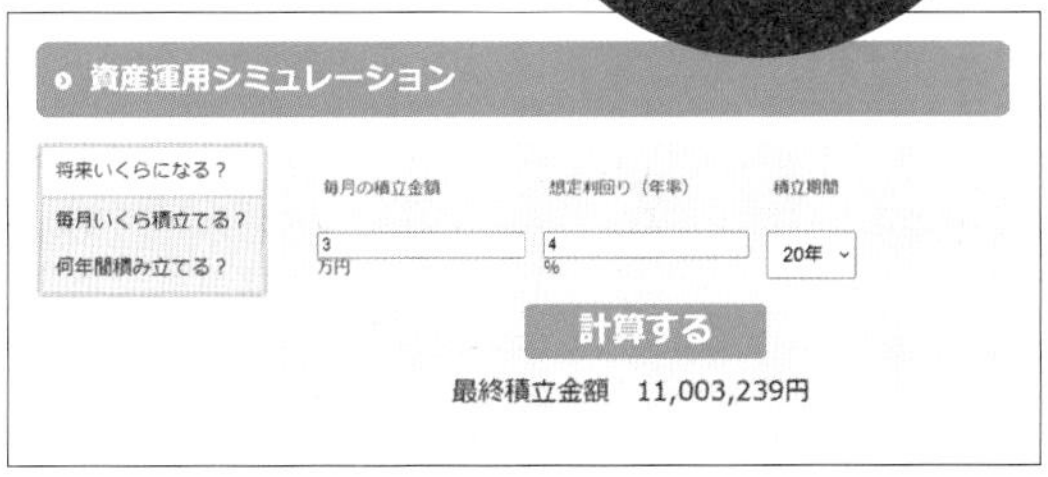

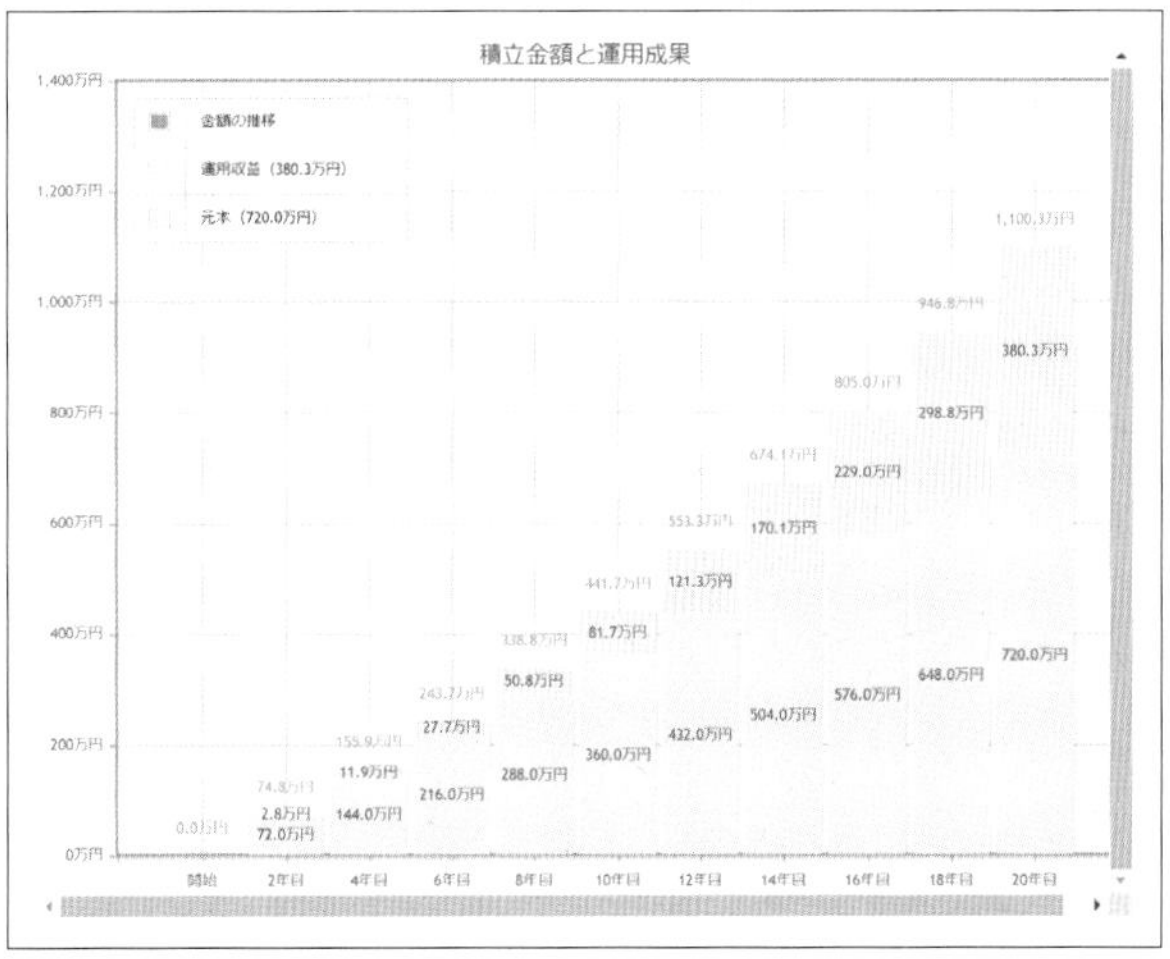

金融庁資産運用シミュレーション(https://www.fsa.go.jp/policy/nisa2/moneyplan_sim/index.html)

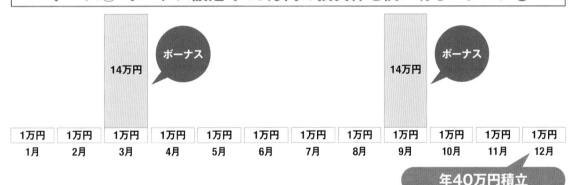

これで完璧！ つみたてNISA

お金を引き出すタイミング

〜課税口座へ移管する場合の注意点など

必要なときに引き出せる つみたてNISA

つみたてNISAでは、制度の枠内で購入した投資信託を保有している間に得た分配金と、値上がりした後に売却して得た利益（譲渡益）が20年間、課税されません。いつでも好きなタイミングで売却し、必要な額を引き出すことができます。

たとえば、住宅購入の頭金や、子どもの大学の入学金など、ライフイベントに合わせてまとまった金額が必要なときには、保有商品の一部を売却し、お金を使うことができます。一度に全部売る必要はなく、必要な額だけ売ることができます。これが、原則60歳まで引き出しのできないiDeCoとの大きな違いです。

つみたてNISAの 出口戦略を考える

途中で必要なお金を引き出したら、残りは自分たちの老後資金として期間満了時まで運用を続けます。その際、考えておかなければならないのは、非課税期間満了後の資産をどうするかということです。いわゆる「出口戦略」です。

つみたてNISAの「出口」戦略としては、「売却」と「課税口座への移管」の2つの選択肢が残されます。何もしない場合は自動的に課税口座へと移管されます。どちらを選ぶかは、それまでの運用成績を踏まえて検討するとよいでしょう。

もし期間満了時点で含み益が出ていれば、そこで売却して得た利益まで税金はかかりません。

逆に含み損が出ている場合は、その時点で売却せず、いったん課税口座に移して、市場の回復を待つという方法もあります。

ただし、そこで注意しなければならないのは、課税口座に資産を移すと、その時点の価格が「新しい取得価格」となるということです。つまり、口座を移したあとに売却する場合は、新しい取得価格と売却時の価格との差額が課税対象となります。

たとえば、40万円の投資額が30万円に目減りしている状態で課税口座に移管することになった場合、30万円が新しい取得価格となります。その後、投資元本の40万円まで価格が回復した時点で売却した場合でも、取得価格の30万円との差額の10万円が利益となり約20%の税金がかかります。

なお、２０２４年から始まる新NISA制度では、非課税期間は無期限になります。そのため、課税口座への移管やロールオーバーなどの手間も省けます。

ベストな出口戦略は?

図27 つみたてNISAの出口戦略

●つみたてNISAの「出口戦略」は「売却」か「課税口座への移管」

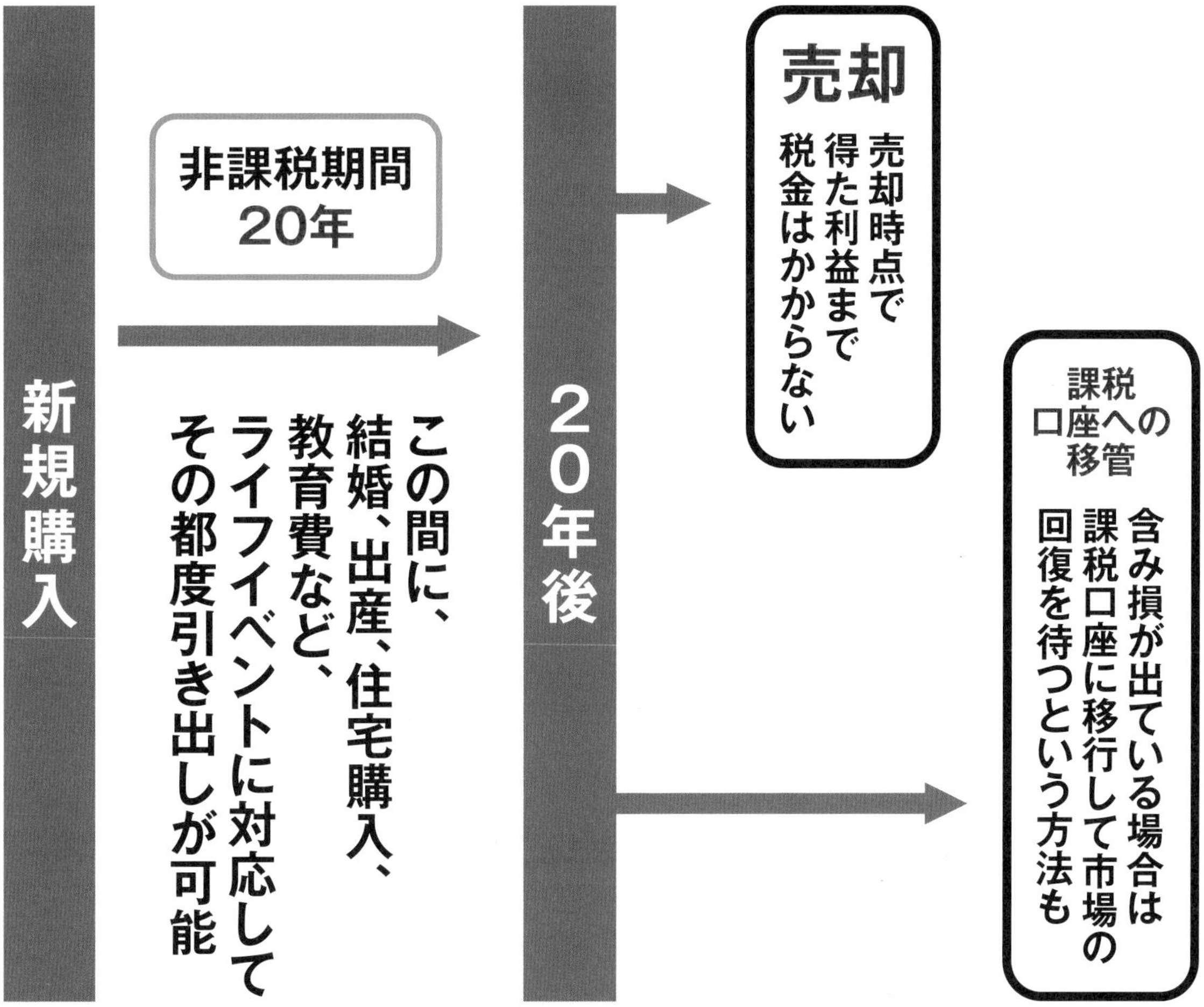

●非課税期間が終わり課税口座に移管する場合

つみたてNISAの非課税期間が満了したときの選択肢は「売却」か「課税口座への移管」。その際の注意点は、**課税口座に移管した時点の金額（右図では60万円）が購入価格とみなされる**ので、それ以後の利益に対して約20%の税金がかかる。

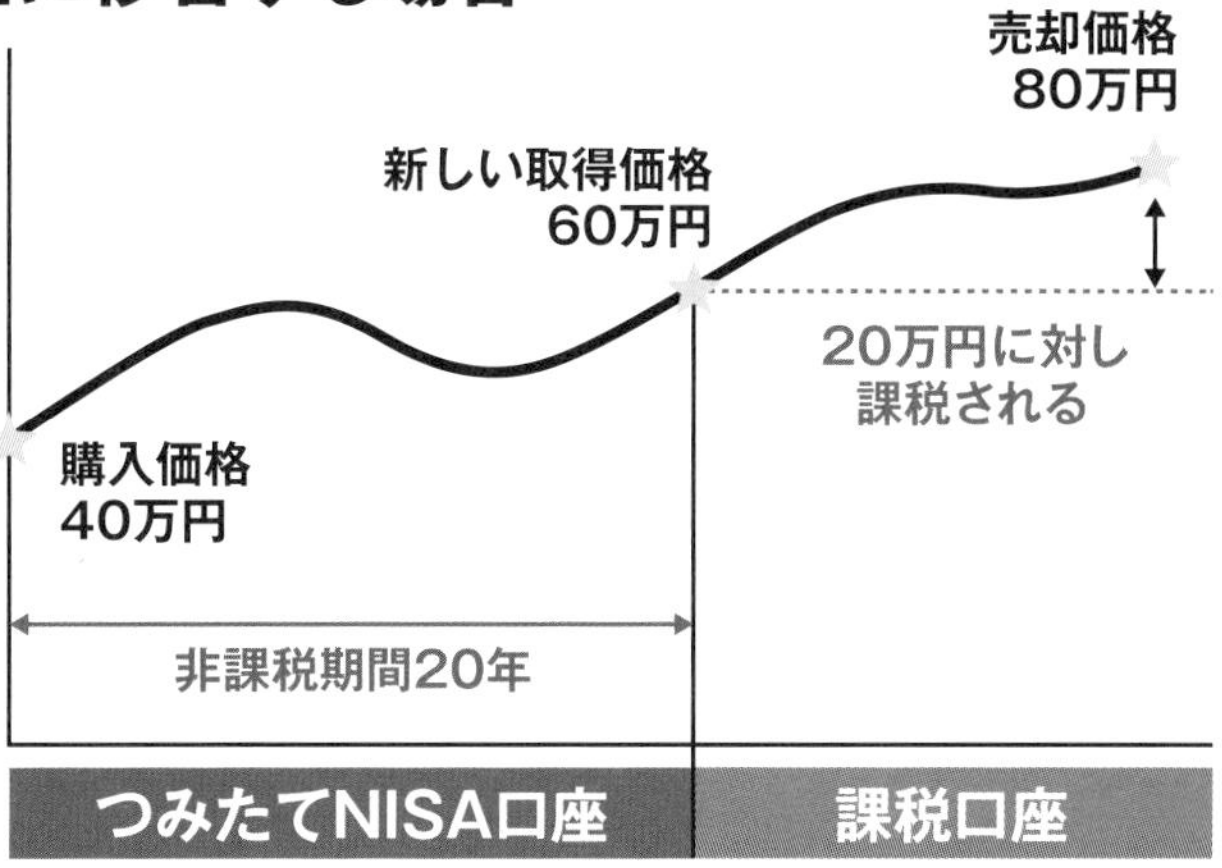

これで完璧！ つみたてNISA

つみたてNISAの注意点

〜非課税枠の繰り越し不可、損益通算できないなど

非課税枠40万円は繰り越せない

つみたてNISAを利用する際には、いくつか覚えておきたい注意点があります。

まず、非課税投資枠は年間40万円ですが、この枠は翌年に繰り越すことができません。

たとえばその年の非課税枠を使い切れず、30万円しか積立をしなかったとしても、残り10万円を翌年に繰り越して50万円にすることはできません。

また、つみたてNISAの場合、途中で自由に商品の売却ができますが、一度使った非課税投資枠は復活しません。(※)

たとえば30万円の投資信託を購入したら、その年の残りの非課税枠は10万円になります。その30万円の投資信託を年内に売却しても、30万円分の投資枠は元に戻りません。

損益通算できず再投資にも制限が

通常、複数の取引をすると、1年間の利益と損失を相殺する「損益通算」をすることができます。

しかし、非課税口座であるつみたてNISAの場合、課税口座である特定口座や一般口座との損益通算や繰越控除ができません。

たとえば、A証券の特定口座で30万円の利益が出て、B証券の特定口座で15万円の損失が出た場合、通常は確定申告すれば利益と損失が相殺できるため、残りの15万円のみが課税対象となります。

ところが、つみたてNISA口座で損失15万円が出ても、損益通算ができないため、A証券の特定口座で得た利益30万円は、まるまる課税対象となります。

また、通常の投資では、損益通算してもまだ損失が残る場合、損失を繰り越し、翌年以降最長３年間にわたって確定申告することで利益と相殺できる「繰越控除」という仕組みもありますが、これもつみたてNISAでは利用できません。

つみたてNISAで気をつけるべき最後のポイントは、分配金を再投資する場合、新規購入と見なされ、非課税投資枠の一部が消費されてしまうことです。分配金を再投資して元本を増やすことは、お金を増やす有利な方法ですが、非課税枠をギリギリまで使いたい場合には注意しましょう。

たとえば毎月３万３３３円分の積立投資をしている場合、５００円の分配金を再投資すると合計で40万４９６円になってしまいます。年間の非課税投資枠を超える分は、課税口座で投資されます。

もともと毎月分配型など、頻繁に分配金が支払われる商品はつみたてNISAから除外されています。しかし分配金があり、かつ再投資の設定をしていると、年間の非課税投資枠40万円を超えてしまうこともありますので、注意しましょう。

(※)2024年から始まる新NISA制度では、一度使った非課税投資枠が復活できる。

図28 つみたてNISAで注意すべき点

●つみたてNISAで注意すべき3つのポイント

① 未使用の非課税枠を持ち越せない

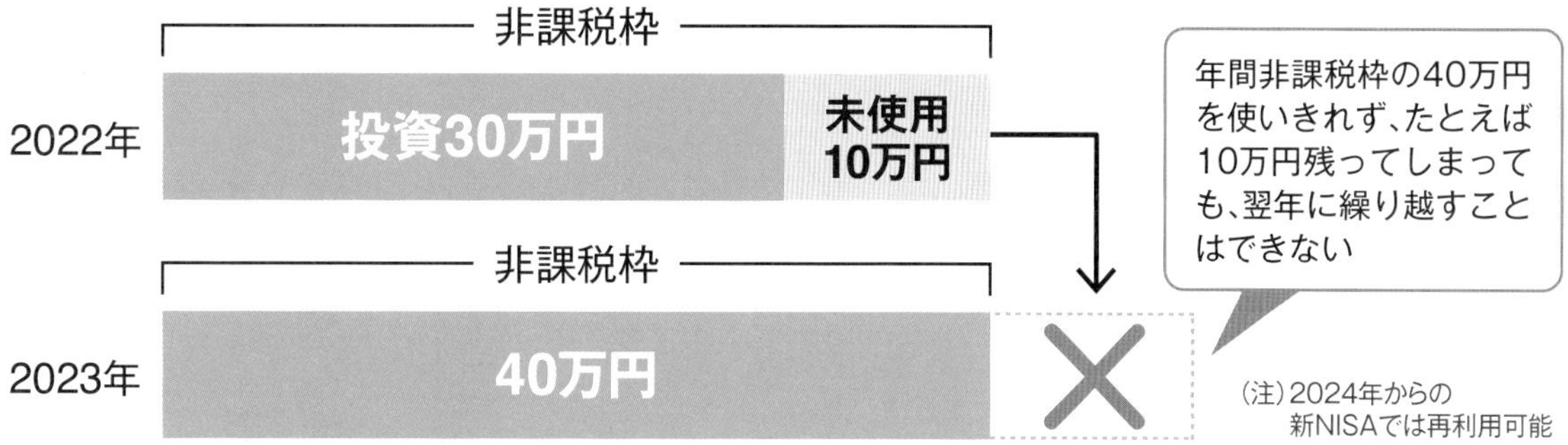

② つみたてNISAは損益通算できない

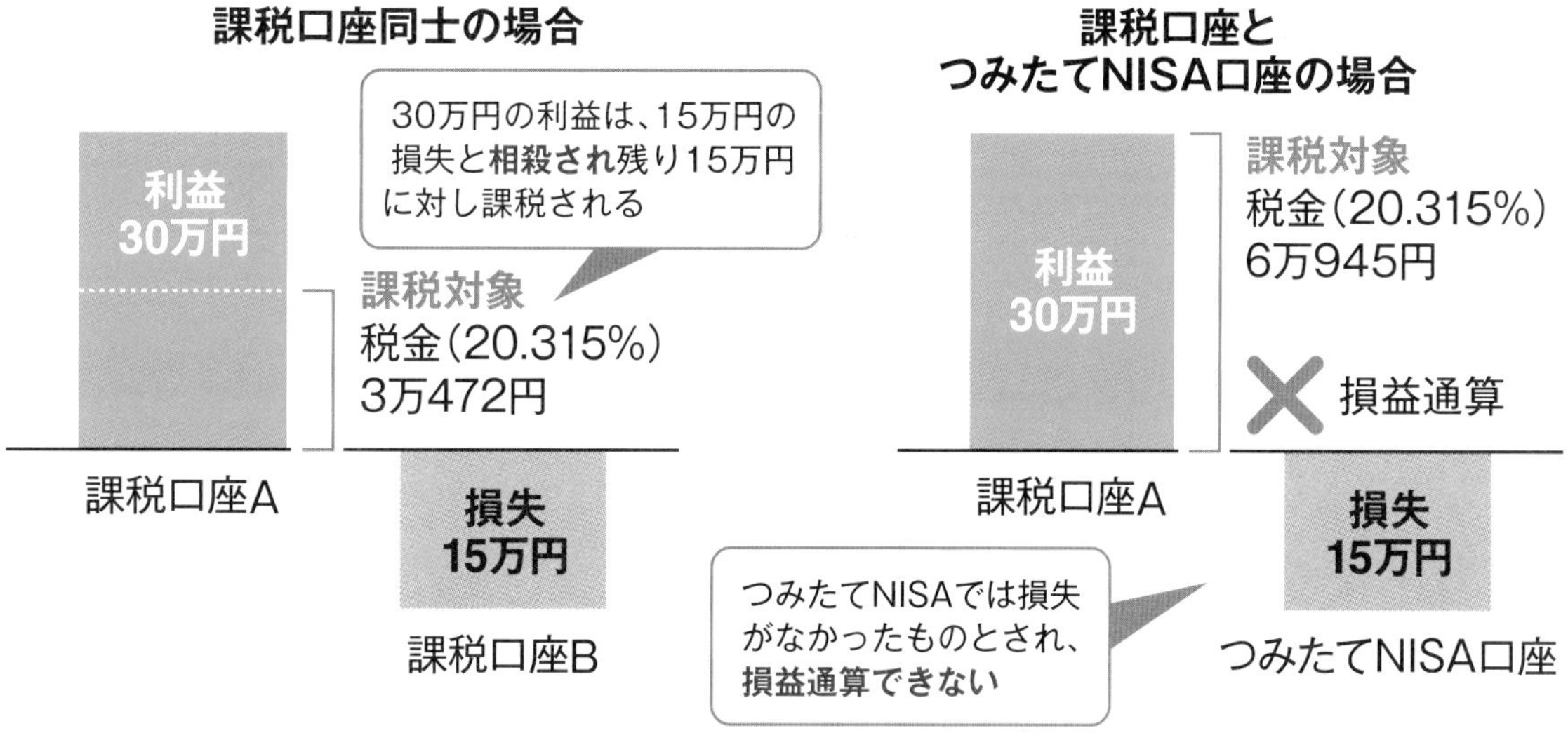

③ 非課税枠を超えると課税口座で投資される

購入分 3万3333円 × 12か月 ＋ 分配金500円（再投資） ＝ 40万496円 **非課税枠オーバー**

つみたてNISAでは、再投資する分配金も年間40万円の非課税投資枠に含まれてしまいます。その年に積み立てた金額と分配金の合計が40万円を超えた場合、課税口座で投資されることもあるので注意しましょう。

これで完璧！
iDeCo

「税制優遇」効果を最大限利用し、公的年金で足りないお金を補う

人生100年時代を安心して全うするために

ｉＤｅＣｏとは、公的年金にプラスして給付を受けるための私的年金制度の１つで、２００２年にスタートした制度です。加入は任意で、自分自身で申し込み、毎月一定の金額を積み立てます。

積み立てた掛金での運用も自分自身で行い、掛金とその運用益との合計額を60歳以降に受け取ることができます。

「人生１００年時代」といわれる中で、人々の寿命はより長くなっています。特に日本は世界でも有数の長寿国といわれています。

厚生労働省の「令和2年簡易生命表」によれば、65歳の人の平均余命は、男性が20・05年、女性が24・91年となっています。つまり、65歳の人は、平均して20年以上人生が続くということです。

寿命が長くなれば、それだけお金もたくさん必要になりますから、国民年金や厚生年金などの公的年金だけでは不安という人もいるでしょう。そこでより豊かな老後生活を送ることができるよう用意された制度がｉＤｅＣｏなのです。

この制度に加入できるのは、基本的に20歳～65歳までのすべての人です。ただし、企業型ＤＣ（企業型確定拠出年金）に加入している場合は例外もあります。

ちなみにｉＤｅＣｏという名称は、個人型確定拠出年金の英語表記「Individual-type Defined Contribution Pension Plan」の略です。

3つの税制優遇がiDeCo最大の特徴

ｉＤｅＣｏでは、①掛金、②運用益、そして③給付を受け取るときに、それぞれ税制上の優遇を受けることができます（左ページ図参照）。

つみたてＮＩＳＡにも運用益が非課税になるというメリットはありますが、掛金が全額所得控除になるのは、ｉＤｅＣｏだけです。

また、受取時にも大きな控除を受けることができます。

また、結婚して会社を辞め、専業主婦（夫）になったときや、転職して自営業に変わった場合でも、引き続き「ｉＤｅＣｏ」の加入者として掛金を拠出し、資産を運用することができます（※）。

また、転職した際に、ｉＤｅＣｏの年金資産を他の年金制度に持ち運びすることもできます（ポータビリティ）。

このように、税制上の優遇措置があり、老後のための資産作りに大きな効果を発揮するｉＤｅＣｏについて、もう少し詳しく見ていきましょう。

（※）転職して新たに企業型確定拠出年金に加入する場合は、転職先の企業が企業型確定拠出年金規約でiDeCo加入を認めているかどうかを確認する必要がある。

図29 iDeCoは自分で作る年金。税制メリットも大きい

●自分で拠出、自分で運用して年金を受け取る

自分で拠出 ➡ **自分で運用** ➡ **年金受け取り**

自分で拠出
自分で設定した掛金額を拠出して積み立てていきます。

自分で運用
自分で選んだ運用商品(定期預金、保険商品、投資信託)で掛金を運用し、老後の資金を準備します。

年金受け取り
受取額は、拠出した掛金の合計額や、運用成績によって一人ひとり異なります。

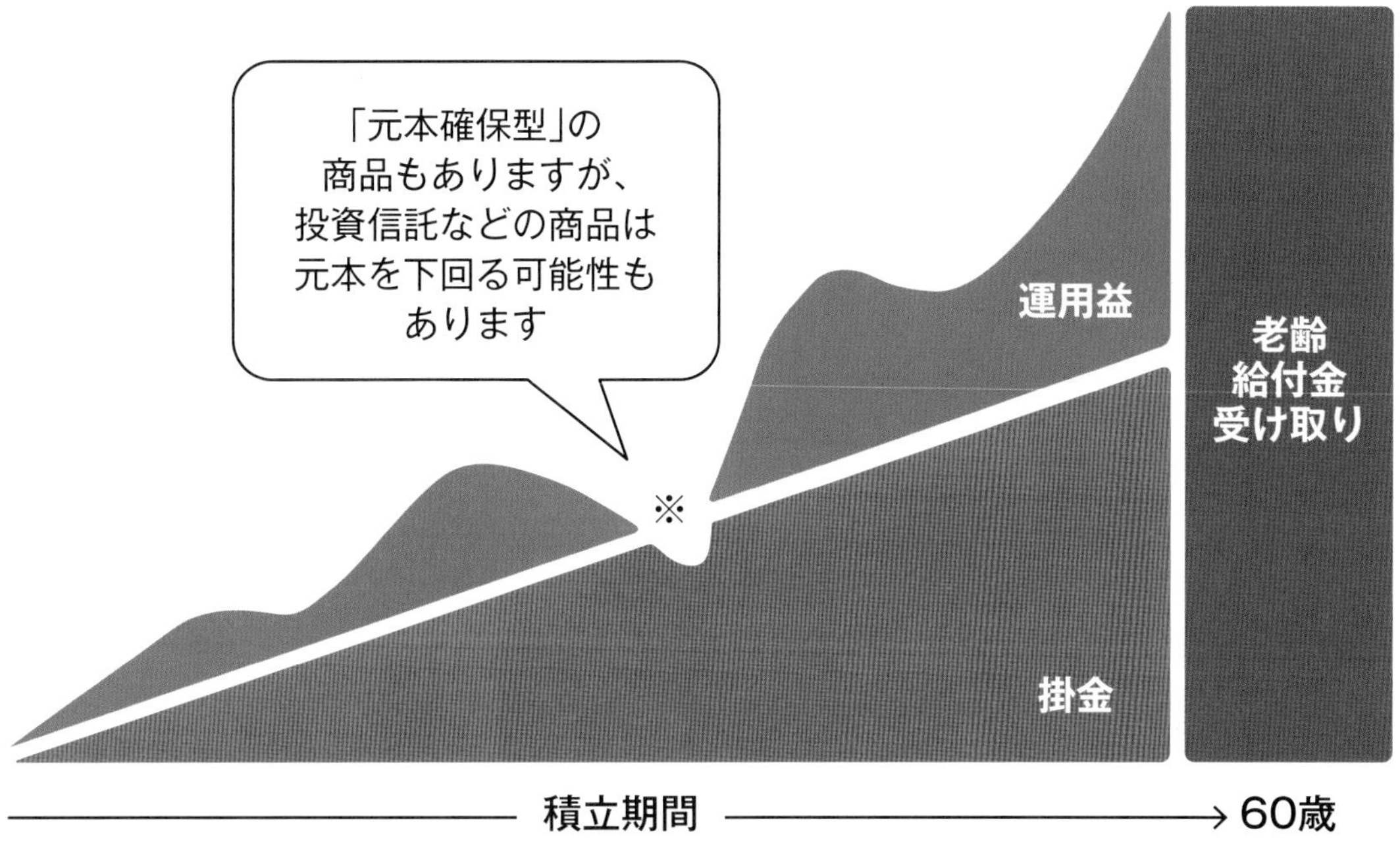
「元本確保型」の
商品もありますが、
投資信託などの商品は
元本を下回る可能性も
あります
※
運用益
掛金
老齢
給付金
受け取り
積立期間
60歳

●iDeCoの3つの税制メリット

❶ 掛金が全額所得控除

掛金全額が所得控除の対象となります。たとえば毎月の掛金が1万円の場合、所得税(10%)、住民税(10%)とすると年間2.4万円、税金が軽減される計算です。

❷ 運用益も非課税で再投資

通常、金融商品を運用すると、運用益に課税されますが(源泉分離課税20.315%)、「iDeCo」なら非課税で再投資されます。

❸ 受け取るときも大きな控除

年金か一時金で、受け取り方法を選ぶことができます(※)。年金の場合は「公的年金等控除」、一時金の場合は「退職所得控除」の対象になります。

(※)金融機関によっては、年金受け取りと一時金受け取りを併用することもできます

厚生労働省ホームページより

これで完璧！ iDeCo

掛金の上限

～iDeCoの掛金には上限（拠出限度額）がある

加入できる条件と拠出できる金額

iDeCoには基本的に20歳以上65歳未満のすべての人が加入できます。とはいえ、一定の加入条件があり、自営業者、学生、無職（国民年金第1号被保険者）、会社員（国民年金第2号被保険者）、専業主婦／主夫（国民年金第3号被保険者）、公務員であることが条件となっています。また、会社員の場合は20歳未満でも加入できます。

ただし、次の人はiDeCoに加入できません。

まず、国民年金保険料の未納者や免除者です。ただし過去に保険料を未納していても、加入時に納付していれば加入できます。また、免除者でも障害基礎年金を受給されている人などはiDeCoに加入できる場合もあります。

それから、会社員でも、企業型DCに「マッチング拠出制度」がある場合、iDeCoとマッチング拠出の併用はできません。マッチング拠出とは、企業型DCにおいて、会社が拠出する掛金に加えて、加入者本人が掛金を上乗せして拠出することができる仕組みです。掛金額には次の2つの制約があります。

①マッチング拠出の掛金が、会社の掛金を超えないこと。

②マッチング拠出の掛金と会社の掛金の合計額が、企業型DCの限度額以内であること（企業型DCのみに加入している場合には月額5・5万円、企業型DCと確定給付型年金に加入している場合には月額2・75万円を超えないこと）。

このように、企業が導入している年金制度によっても加入条件が変わってきますので、iDeCoに加入する場合は確認が必要です。

なお、iDeCoで拠出できる掛金の金額は、職業などによって異なります。詳しくは左ページの図を参考にしてください。

加入条件や受給開始年齢が緩和される

iDeCoは2020年の法改正によって、利用できる人や期間がさらに充実しました。

2022年4月からは、受け取り開始年齢の上限が70歳から75歳に拡大され、5月からは加入年齢も60歳未満から65歳未満に延長されました。さらに10月からは、規約の定めがなくても企業型DCとiDeCoが併用できるようになりました。。多様化する働き方・暮らし方に合わせられるよう、制度も変更されていますので、まだ未加入の人も老後の資金作りのため、iDeCo加入を検討してみてはいかがでしょうか。

図30 職業や属性で異なるiDeCoの拠出限度額

●iDeCoの掛金には上限（拠出限度額）がある

iDeCoは加入区分に応じて拠出できる掛金の上限が異なりますので、自分がどの加入区分に属しているかを把握する必要があります。

iDeCo加入の基本は20歳以上65歳未満
（会社員の場合は20歳未満でも加入可）

加入資格		掛金
（第1号被保険者・任意加入被保険者） **自営業者等**		**月額6.8万円** （年額81.6万円） 国民年金基金または 国民年金付加保険料との合算枠
（第2号被保険者） **会社員・公務員等**	会社に企業年金がない会社員	**月額2.3万円** （年額27.6万円）
	企業型DC※❶のみに加入している会社員	**月額2.0万円** （年額24.0万円）
	DB※❷と企業型DC※❶に加入している会社員	**月額1.2万円** （年額14.4万円）
	DB※❷のみに加入している会社員	
	公務員等	
（第3号被保険者） **専業主婦（夫）**		**月額2.3万円** （年額27.6万円）

※❶企業型DC＝企業型確定拠出年金。企業が掛金を毎月積み立て（拠出し）て、加入者である従業員が自ら年金資産の運用を行う制度。
※❷DBとは、確定給付企業年金（DB）、厚生年金基金、石炭鉱業年金基金、私立学校教師職員共済のこと。

厚生労働省ホームページより

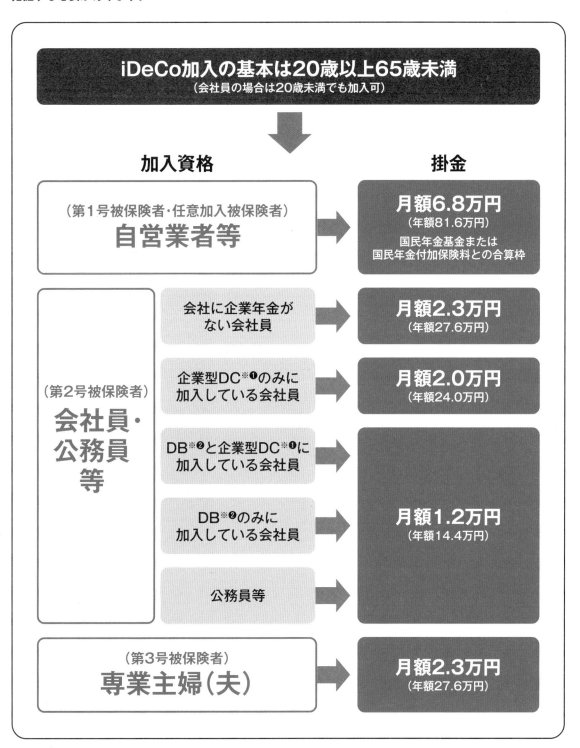

これで完璧！ iDeCo

口座を開設しよう！

〜金融機関選びと口座開設に必要な手続き

わずかな手数料も長期ではバカにならない

iDeCoを始めるには、まず金融機関で専用の口座を開設する必要があります。ただし、開設できる口座の数は1人1口座と決まっていますので、自分に合った金融機関を1社選んで加入の申込みを行います。

金融機関を選ぶ際のポイントとしては、「運営管理手数料」「商品ラインナップ」「サポートサービス」などがあります。

まずは「運営管理手数料」で比較してみましょう。iDeCoの手数料には、「加入・移管時手数料（2829円／初回のみ）」、「加入者手数料（105円／掛金納付の都度）」、事務委託手数料（66円）、運営管理手数料などがありますが、金融機関によって違いがあるのが運営管理手数料です。この運営管理手数料が安いのはネット証券で、大手ネット証券では運営管理手数料をゼロにしているところがほとんどです。

金融機関によっては、毎月数百円の手数料が必要です。わずかな差のようですが、たとえば毎月300円の手数料を30年払い続けると10万円以上になります。長期投資においては決して小さな金額ではありません。

なお、iDeCoの運営管理手数料（毎月）は掛金から差し引かれ、そのぶん運用に回る金額も減りますので、注意しましょう。

商品ラインナップも重要なポイント

もう1つチェックしたいポイントは、取り扱っている商品のラインナップです。

iDeCoで利用できる商品は「元本確保型（定期預金と保険）」と「元本変動型（投資信託）」の2つです。このうち元本確保型で選ぶ場合は金利の高い金融機関、元本変動型で選ぶ場合は、商品ラインナップが豊富で、かつ運用コストの低い商品を取り揃えているかが重要になります（左ページ図参照）。

金融機関は途中で変更も可能

iDeCoの申し込み方法は、これまで専用の申し込み書類を証券会社や銀行などの運営管理機関に郵送するというものでしたが、2021年1月からはネット証券などを中心に、オンラインで加入申込ができる金融機関も徐々に増えています。手続きもよりスムーズになっているので、ぜひ利用してみましょう。

なお、金融機関選びは慎重に行いたいところですが、加入後、他社へ変更することも可能です。

その際、移管手数料がかかるケースもありますが、一度決めたら生涯変えられないというものではありませんので、金融機関選びに過度に神経質になる必要もありません。

図31 iDeCoの取扱金融機関を比較してみる

●金融機関は年金受取時のことも考えて決めたい

長期に運用する場合には大きく響いてくる運営管理手数料、年金と一時金の受給方法の併用など、将来の受取時の状況も考えて金融機関を選びましょう。

長期に運用する場合は響いてくる

商品数が多いほうが選択肢の幅が広がる

老後の資金ニーズを考えて決めたい

一時金と年金の併用。iDeCoの残高多めの人はチェック

すでにiDeCoを始めている人はチェック

金融機関名		運営管理手数料（月額）	商品数	年金受け取りの選択肢		供給の可否	他機関へ移管する際の手数料
				受け取り期間（5～20年）	年間の受け取り回数		
ネット証券	SBI証券	0円	セレクトプラン 38本	5.10.15.20	1.2.4.6	○	4400円
ネット証券	楽天証券	0円	32本	年単位で指定可	1.2.3.4.6.12	○	4400円
ネット証券	マネックス証券	0円	27本	年単位で指定可	1.2.3.4.6.12	○	4400円
店舗型証券	大和証券	0円	22本	5.10.15.20	1.2.4.6	○	4400円
店舗型証券	野村證券	0円	32本	年単位で指定可	1.2.4.6.12	○	20単元未満：最低1100円 20単元以上：一律1万1000円
銀行	三菱UFJ銀行	ライトコース 260円 標準コース 357円	ライトコース 10本 標準コース 33本	5.10.15.20	1.2.3.4.6.12	○	0円
銀行	みずほ銀行	掛金累計額が50万円以上など一定の条件で0円 それ以外は260円	31本	年単位で指定可	1.2.4.6	○	0円
銀行	りそな銀行	当初2年は0円 3年目以降はりそな銀行口座振替で267円 それ以外は322円	32本	5.10.15.20	2.3.4.6	○	0円

※2023年2月上旬時点（宝島社調べ）。上記データは概略で、実際はこのほかに加入時の手数料や資産管理手数料、給付の際の手数料などもかかりますので、詳しい情報を知りたい方は各金融機関にお問い合わせください

これで完璧！ iDeCo

掛金を決める

〜自分の加入資格に合った上限額の範囲で

自分の条件に合わせ無理のない掛金設定を

ｉＤｅＣｏの掛金は、自分の加入資格に合った上限額の範囲内で設定することができます。「上限額」は、85ページの表などで確認してください。

一方、掛金の「下限額」は一律で月額５０００円で、掛金の設定は１０００円単位で行えます。したがって掛金設定の際には、毎月５０００円以上の掛金を、どの商品にどれだけ振り分けるかを指定する配分指定を行います。

たとえば、月の掛金が1万円で、Ａ投信へ50％の配分であれば、Ａ投信を５０００円分買い付けることになります。Ａ投資信託の時価（基準価額）が1万円であれば、０・５口購入できます。

投資信託の時価は毎日変わります。そのため、口数で指定してしまうと積立金額が変動してしまいます。配分を指定することで、毎月一定額の投資が可能になり「ドルコスト平均法」の効果を期待できるようになります。

リスクを積極的に取って高いリターンを狙いたいなら株式への配分を高めに、安全に運用したいなら株式への配分を低く、といった形で株式への投資配分の大きさを目安に設定すればリスクの大きさを管理することができます。

配分を自分で管理するのが難しいなら、複数の資産の組み合わせに投資できるバランス型投信に投資する方法もあります。

積立金額は、必ずしも毎月同額でなくても大丈夫です。たとえば勤務先に企業年金がない会社員の場合、上限額は月２万３０００円（年間で27万６０００円）になります。しかし毎月それだけのお金を積み立てるのが厳しい場合は、月々1万円ずつ積み立て、ボーナス時に増額して年間の拠出枠を使い切るという設定も可能です。

あるいは毎月の積立でなく、1年分の掛金を12月にまとめて拠出することもできます。

年1回の積立の場合、手数料を安く抑えられるというメリットがあります。ｉＤｅＣｏでは1回の積立ごとに国民年金基金連合会に対して１０５円の手数料を支払いますが、積立を年1回にすることで、手数料の支払いが1回で済みます。毎月積み立てると年１２６０円の手数料が発生するところ、年1回の積立なら1回分の１０５円で済むため、年間１１５５円分もの手数料負担が軽減できます。

一方で年1回の積立では、高値掴みのリスクが小さくなり、平均買い付け単価を下げる「ドルコスト平均法」の効果が小さくなってしまいます。

ただ、定期預金など元本保証型商品を中心に運用している人であれば、ドルコスト平均法の効果はほぼ意味がありません。手数料を減らす効果のほうが大きいので、積立回数を減らすことを検討しましょう。

図32 掛金額は自分の条件にかなった方法で

●自分の経済状況に応じて掛金を設定する

毎月の積立に余裕のない人は、ボーナス時や年末にまとめて納付することで、
年間上限枠を使い切ることもできます。拠出回数を減らすことは手数料の節約にも有効です。

上限額が1カ月あたり2万3000円（年27万6000円）の会社員のケース

◆毎月上限額まで掛金を出せない人は……

⇒ボーナス時に増額して枠を使い切る

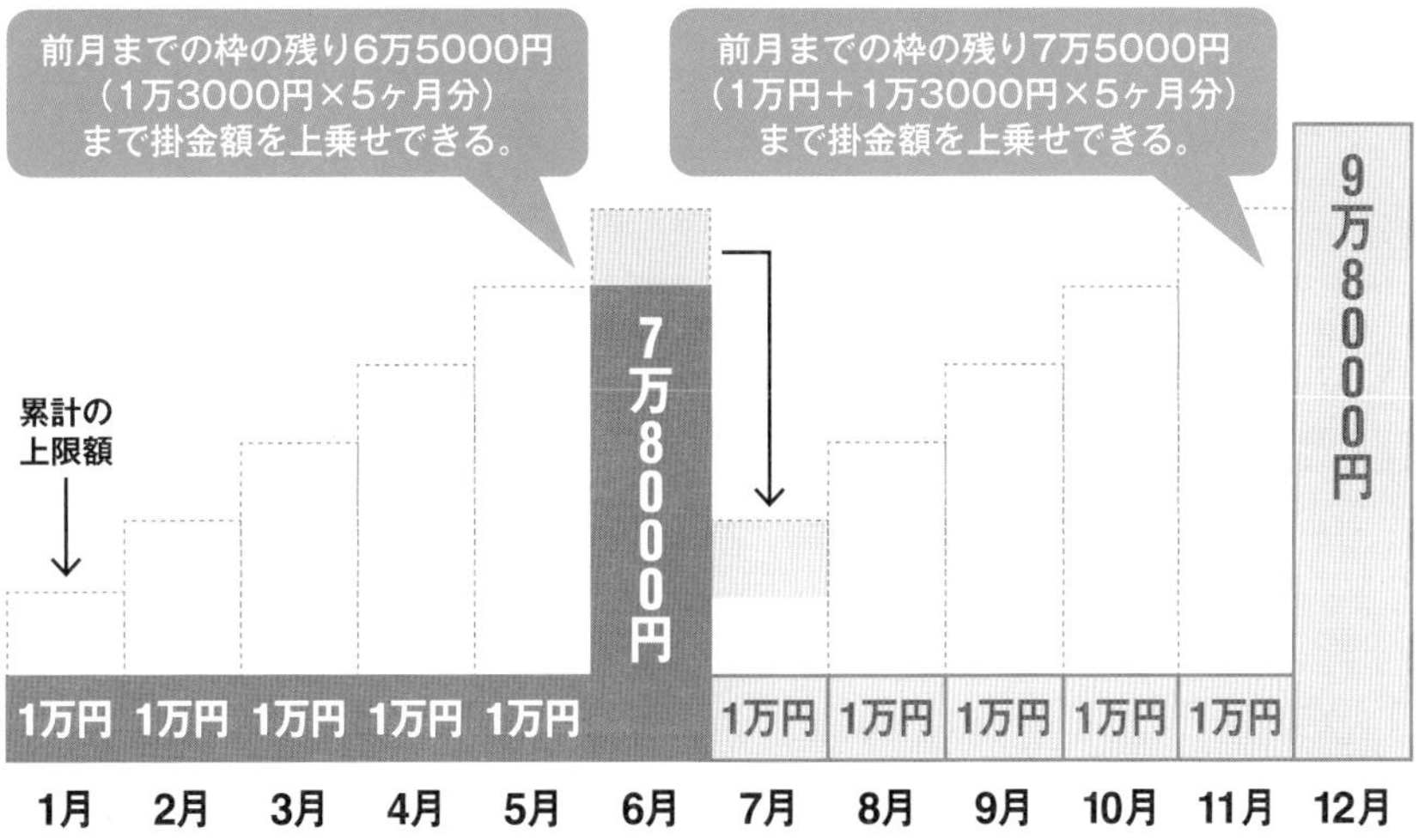

毎月上限額まで掛金を出せない人は、ボーナス月に増額しよう。上限までの間で掛金額は年に1回のみ変更できます。

◆手数料を節約したい人は……

⇒1年分の掛金を12月にまとめて納付

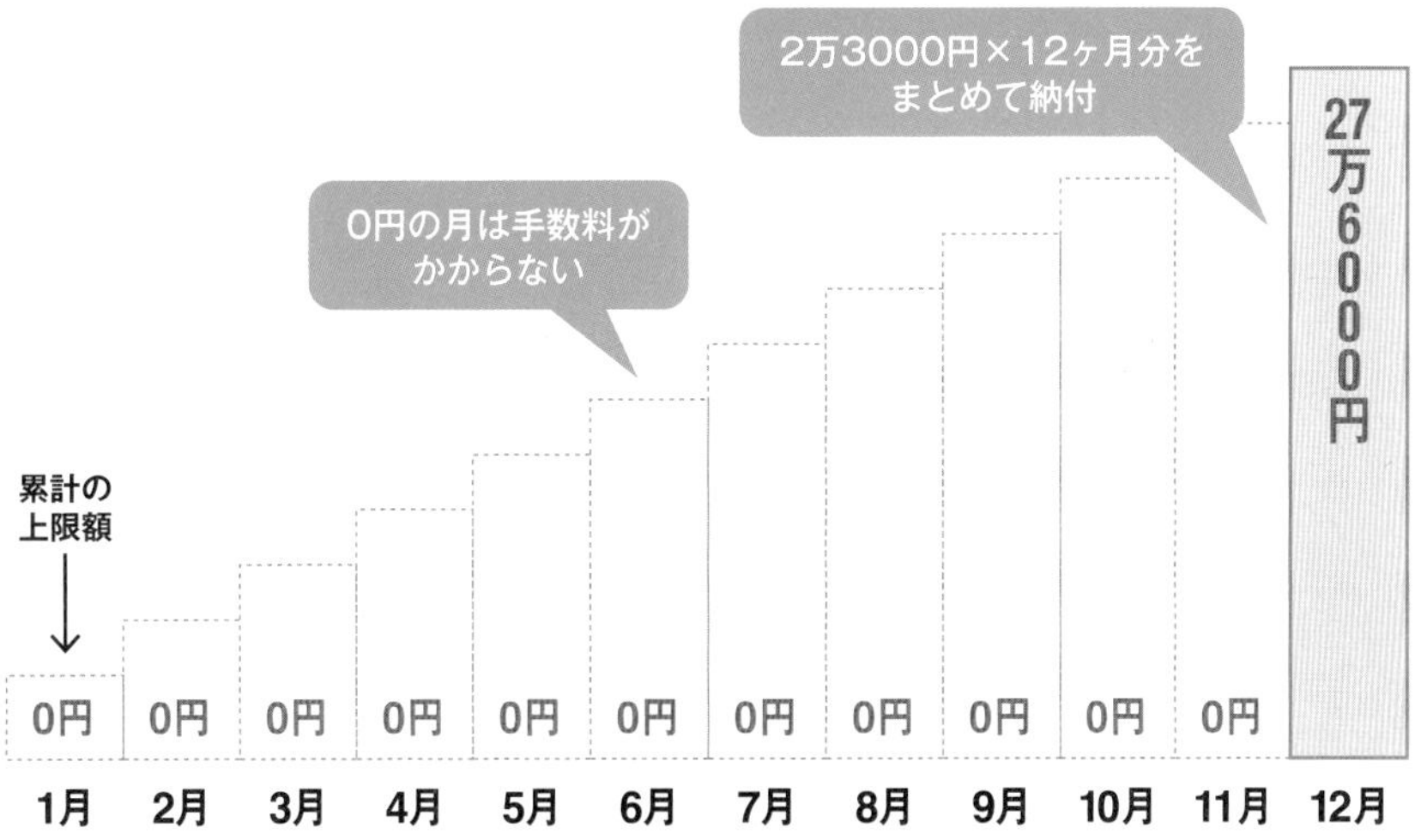

iDeCoは納付ごとに手数料がかかる。手数料を節約したい人は、年末に掛金を1年分まとめて納付するとお得になる。ただし、まとめて投資すると、その月の相場の影響が大きくなるので注意しよう。

これで完璧！ iDeCo

運用商品の選び方

〜元本確保型、変動型＝投資信託の選び方など

iDeCoで買える2種類の商品

iDeCoで選べる金融商品には、大きく分けて「元本確保型」と「元本変動型」の2種類があります。

元本確保型は、文字通り元本が確保されるよう運用される商品です。つまり元本割れのリスクが低く、安全性が高い商品です。しかしリスクが低い代わりに、高いリターンを期待できないというデメリットがあります。

元本確保型の商品には、「定期預金」と「保険」があり、いずれの金融機関でも、元本確保型の商品が最低1つは選べるようになっています。

一方、元本変動型は、運用状況に応じて積み立てたお金が増えたり減ったりする商品です。

iDeCoで購入できる元本変動型の商品は投資信託のみです。商品数は、２０２３年２月現在、いずれの金融機関でも35本以下（元本確保型との合計）程度に絞られています。

投資信託には、アクティブ型、インデックス型、バランス型などの種類があります。これは運用方法や組み込まれている資産の比率にしたがった分類です。

たとえば「株式の比率が高い商品はハイリスク・ハイリターン」といったように、投資信託に組み込まれている資産の内容で特徴も変わってきます。iDeCoではこれらを複数組み合わせて購入することができます（左ページ図参照）。

iDeCoは老後の資産を形成するために設けられた制度ですから、大きなリスクをとりすぎて損失を出してしまったら元も子もありません。

安定的に資産を増やすためのキーワードは、「長期・積立・分散投資」です。この原則を守っていけば、iDeCoの節税メリットや複利効果が効力を発揮して、老後の生活を送るための資産形成も可能になるでしょう。

安全性の確保だけではお金は増えない

こうした前提を踏まえたうえで、実際にポートフォリオを組んでいきます。

まず、元本変動型の投資信託のリスクを恐れて、元本確保型の商品だけを選んでしまうと、高いリターンは望めません。場合によっては手数料が運用益を上回ってしまい、損をしてしまうこともあります。そこで、元本確保型で安全性を確保しつつ、資産を増やせる可能性の高い元本変動型の投資信託を組み合わせて運用するという方法が一般的です。

また、投資信託の中にもリスクを抑えた商品からハイリスクハイリターンの商品までさまざまな種類がありますので、自分のリスク許容度に応じて最適な組み合わせを考えていきましょう。

図33 元本確保型と元本変動型の2種類の商品

●iDeCoで選べる商品分類

元本確保型
（定期預金・保険）

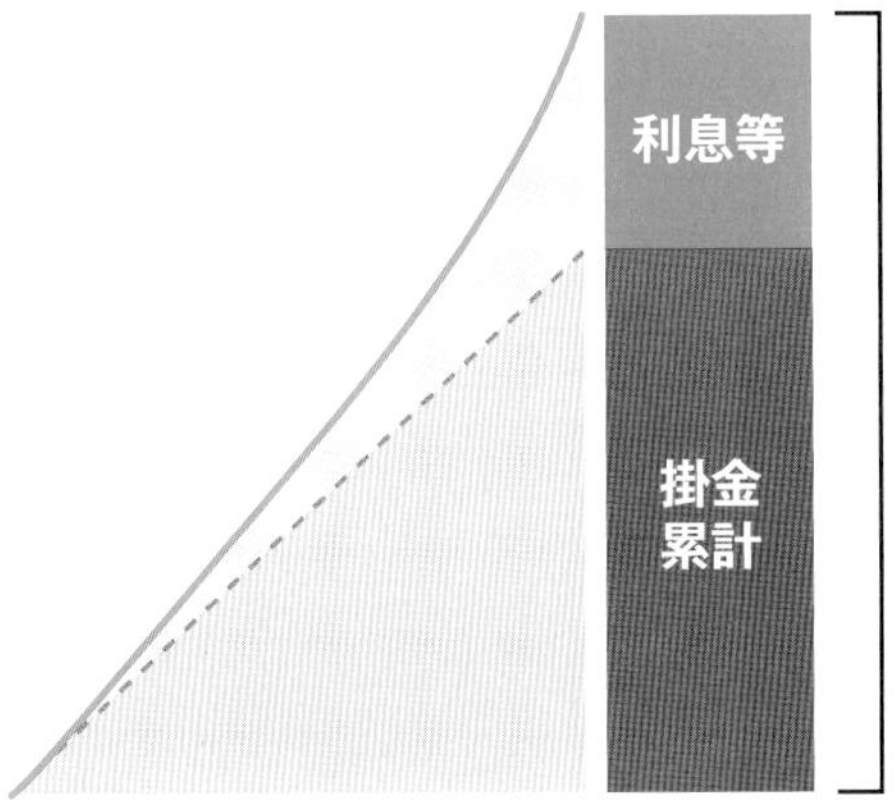

積み立てたお金に利息などが上乗せされ、原則として元本が保証される商品。安全性の高い運用ができる一方で、低金利時代には大きな利益が望めない。

元本変動型
（投資信託）

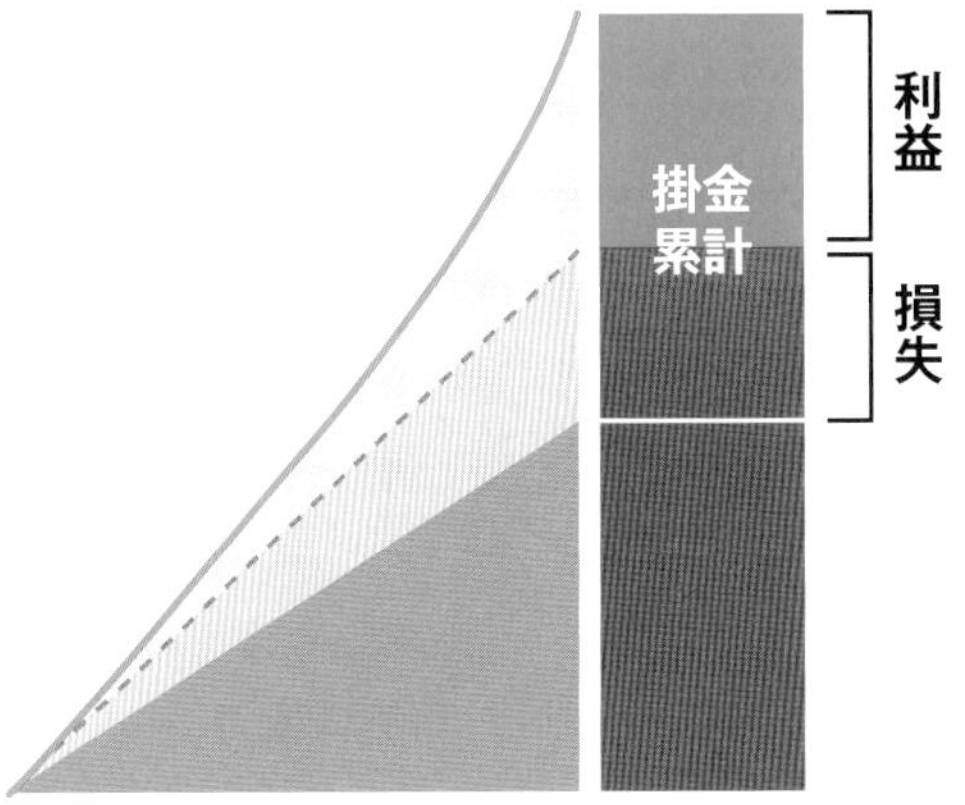

投資信託やETFなど、損失を出して元本割れ（掛金の累計より資産が減ること）するリスクはあるが、運用次第では大きなリターン（利益）を得ることも可能な商品。

投資信託の分類法①～運用方法で分けられる

インデックス型

日経平均株価やTOPIXなど市場の値動きを示す指数に連動させることで、市場平均並みの運用を目指す投資信託。信託報酬は比較的安め。

アクティブ型

市場平均を上回る利益を目指す投資信託。運用会社が独自に銘柄を選別し運用するため、調査費用などのコストがかかり信託報酬はやや高め。

投資信託の分類法②～資産の種類で分ける

ローリスク・ローリターン

国内債券 → 外国債券 → 国内REIT → 海外REIT → 国内株式 → 外国株式

ハイリスク・ハイリターン

バランス型

上の投資信託を組み合わせて自動的に分散投資ができる投資信託。株式を多く組み込めばハイリスク・ハイリターンに、債券を多く組み込めばミドルリスク・ミドルリターンになる。

※リスク・リターンの一般的なイメージであり、実際の運用とは異なる場合があります。

これで完璧! iDeCo

ポートフォリオの組み方

~リスク&リターンを考えて掛金の配分を決める

ライフステージごとにポートフォリオを変える

iDeCoで大切なのは、バランスよく投資することです。配分指定の割合は、運用方針や残りの加入期間などによって決めます。

まず安全性でいえば、最もリスクが小さい商品は元本確保型の定期預金や保険です。しかし昨今の低金利時代にあっては、リターンはほとんど望めません。ただし60歳間近、あるいは60代以降の年金生活など、積み立ててきた資産を安全に確保するステージに入ったら、元本確保型の配分を大きくします。

反対に若いうちは今後の運用期間も長く、リスク許容度も大きいので、元本変動型の投資信託の配分を大きくし、積極的に資産を増やしていくことを目指します。

投資信託の中には、株式を多く組み込んだものと、債券を多く組み込んだものがあります。一般的に、株式は債券よりもハイリスク・ハイリターンの商品です。そのため、残りの加入期間が長く、値下がりしても十分に損失をカバーできる可能性の高い若年層や、リスクをとってもリターンを重視したいという人なら、株式の比率が高い資産配分がおすすめです。日本だけでなく、先進国や新興国など、さまざまな地域に分散して投資してみましょう。

逆に元本割れを避けたい人や、残りの加入期間が短いため、大きな相場の下落ダメージを乗り越えられない年齢層になってきたら、債券や元本確保型の商品を中心に、リスクを抑えた資産配分を行いましょう。

掛金の配分は、たとえば毎月の掛金が1万円として4つの商品への積立を行う場合、それぞれの商品に25%ずつ配分すると、各商品を毎月２５００円分ずつ購入することができます。

掛金の額は1年に1回変更できます。また、配分も途中で変更することが可能です。これを「配分変更」といいますが、それまでの運用実績や市場環境の変化、あるいはライフイベントによる支出などで運用の方針を変えたいときに便利です。配分変更しても、手数料は発生しません。

また、現在運用している商品をこれ以上保有したら利益が減ってしまいそうなので売却したいという場合などでは、その商品を一度売却・解約して別の商品に買い替えることもできます。これを「スイッチング」といい、基本的に回数制限はありません。

要するに途中で変更することも可能なので、あまり気張ることなく、気楽な気持ちで始めてみましょう。

配分変更やスイッチングは頻繁にするものではありませんが、これらのルールを覚えておいて、それぞれのライフステージに最適な資産の配分方法を見出していきましょう。

図34 リスクとリターンを考えて商品を組み合わせる

iDeCoの対象商品

元本確保型

- 定期預金
- 保険

元本変動型

投資信託を通して投資

- 国内株式型
- 外国株式型
- 国内債券型
- 外国債券型
- REIT型
- バランス型

など

●ライフイベントに合わせポートフォリオを見直す

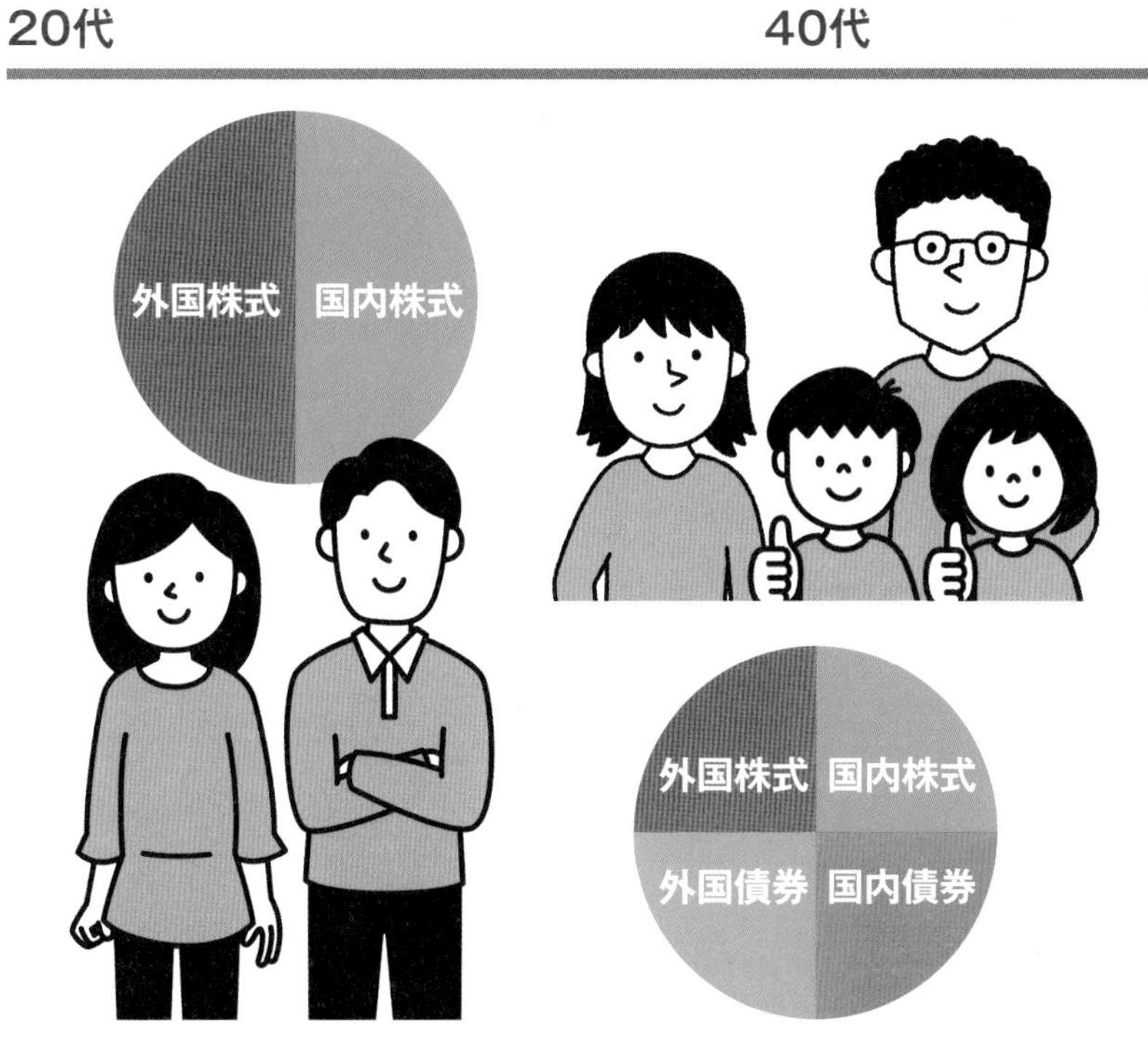

基本的には、リスクをとれる若いうちに積極的に「元本変動型」商品に投資して資産形成を目指し、年齢を経て退職が近づくにつれて「元本確保型」の比率を増やしていくという流れが基本になる。

これで完璧！ ｉＤｅＣｏ

最終的な受け取り方法

～一時金、年金、一時金＋年金の中から選ぶ

受け取り方法には3つの形式がある

ｉＤｅＣｏで掛金を積み立てられるのは65歳未満までで、それ以降は新たな掛金を拠出せずに運用を続けるか、積み立ててきたお金の受け取りを始めるかのどちらかを選択することになります。

積み立てたお金は、原則60歳以降に「老齢給付金」という形で受け取ることができます。受け取り開始時期は、60～75歳の間で自由に決めることができます。

受け取り方法は、一括で受け取る「一時金」形式と、分割で受け取る「年金」形式の2種類が基本です。

また、利用している金融機関によっては、２つを組み合わせる「一時金＋年金」形式での受け取りが可能なところもあります。

退職金の額などに応じたベストな受け取り方法を

「一時金」形式は、一度にお金を受け取る方法です。

その場合は退職金と同じ扱いになり、「退職所得控除」が受けられます。退職金がない自営業者や主婦の場合、ｉＤｅＣｏで30年間積立すると１５００万円の退職所得控除が使えます。

ただし、会社員の方で、会社の退職金など、ほかにも退職一時金がある場合は、それと合算してこの退職所得控除を使うことになります。

退職金が多い会社や公務員の場合、退職所得控除を退職一時金で使い切ってしまい、ｉＤｅＣｏの一時金には退職所得控除が使えない場合もありますので、注意しましょう。

「年金」形式は、５～20年の間で受け取り年数を指定してお金を受け取る方法です。この場合は「公的年金等控除」の対象になります。

ｉＤｅＣｏや公的年金のほかに、年金方式で受け取る企業年金もこの控除の対象となり、年間の合計額から控除額を差し引いて税金を計算します。

公的年金やｉＤｅＣｏ、企業年金の合計が60歳～65歳未満なら年間60万円、65歳以上なら年間１１０万円までなら税金はかかりません。

退職金が多く、ｉＤｅＣｏに使える退職所得控除の枠が少ない会社員なら、年金受け取りのほうが有利になるケースがありますので、検討してみるといいでしょう。

金融機関によっては「併給」もできる

金融機関によっては、「一時金」形式と「年金」形式を組み合わせる「併給」形式を選ぶこともできます。

その場合、退職所得控除と公的年金等控除の２つの控除枠を活用できます。

受け取り額と時期を調整して、ｉＤｅＣｏの残高が多い人は検討してみるといいでしょう。

図35 iDeCoの受け取り方法

●一時金、年金、併用の3つのパターンから選択可

①一時金受け取り

60歳から75歳までの間に
一時金として一括で受け取る。
退職所得控除の対象になる

②年金受け取り

受取期間

5年以上20年以内の期間で年金として受け取る。
公的年金等控除の対象となる。

③併用して受け取り

受取期間

一部を一時金として受け取り、残りを年金として受け取る※。
退職所得控除と公的年金等控除、それぞれの対象となる。

※一時金+年金受け取りの可否は運営管理機関による

●受給開始年齢は加入期間によって異なる

加入期間と受給開始年齢

10年以上 → 60歳	8年以上10年未満 → 61歳
6年以上8年未満 → 62歳	4年以上6年未満 → 63歳
2年以上4年未満 → 64歳	1か月以上2年未満 → 65歳

50代以降の加入だと受け取り開始は61歳以降になる。

つみたてNISA & iDeCo

つみたてNISA(※)&iDeCoの組み合わせテクニック

iDeCoの節税メリットは最大限利用したいが…

iDeCoとつみたてNISA（※）は併用することができます。ライフプランや家計の状況に合わせて、上手に組み合わせて使いましょう。

iDeCoもつみたてNISA（※）も税制メリットがある制度です。中でも掛金を全額所得控除できるiDeCoの節税メリットは所得の高い人ほど魅力的です。ですから、iDeCoを利用したいと考える人も多いはずです。

ただし、iDeCoには60歳までお金を引き出せない大きなデメリットがあります。一方で、つみたてNISA（※）はいつでも売却してお金を引き出すことができる点がメリットと言えます。

資産形成は大変なミッション

それぞれの制度を活用して私たちがお金を積立運用し資産形成するのは、主に退職前の現役時代です。現役時代には、結婚、出産、マイホームやマイカーの購入、子どもの高校・大学への進学など、大きなお金のかかるイベントが沢山あります。これらのお金を準備し、使いながら、退職するまでに老後資金を貯めなければなりません。とても大変なミッションを遂行しているのです。

たとえば、月1万円の積立を20年続けると元本だけで240万円にもなります。月2万円であれば480万円です。これだけのまとまったお金を動かすことができなくなります。

それでも、教育費や住宅資金などの大きなお金をやりくりできるなら、節税効果の高いiDeCoをメインに使いましょう。効率的に老後資金を準備できます。

やりくりが難しいと感じるなら、つみたてNISA（※）をメインに使いましょう。もちろんiDeCoを使ってもいいのですが、大きなお金の支出が終わるまでは掛金額を抑えるなど工夫が必要です。

お金は使うときまで運用ができます。老後資金目的であれば、運用期間を長く取れますが、住宅の頭金であればそれほど長く運用はできません。

運用期間が長く取れるなら株式の比率を高くしても、元本割れリスクは低くなりますし、複利効果も期待できます。一方で、運用期間が短いなら株式の比率は低くして、手堅く運用すべきです。

また、若い年代ほど運用期間が長く、退職が近くなるほど短くなります。

私たちは長い期間をかけて資産形成します。最初は株式の比率を高くして運用をスタートしたとしても、年齢を重ねるとともに株式の比率を下げて保守的な運用にシフトする、といったライフステージに沿った長期的な流れも意識すると、より効率的に資産形成ができるでしょう。

（※）2024年からは新NISA

図36 つみたてNISA(※)とiDeCo併用の基本的考え方

●ライフステージとキャッシュフローで考える場合

結婚、出産、住宅購入、子どもの教育費など、ライフステージでのイベントごとにさまざまな出費が必要となります。お金が必要なときにiDeCoでは引き出しができませんから、そういうイベントへの出費に耐えうる十分なキャッシュフローがない場合は、つみたてNISA(※)を利用して資金需要に備えましょう。

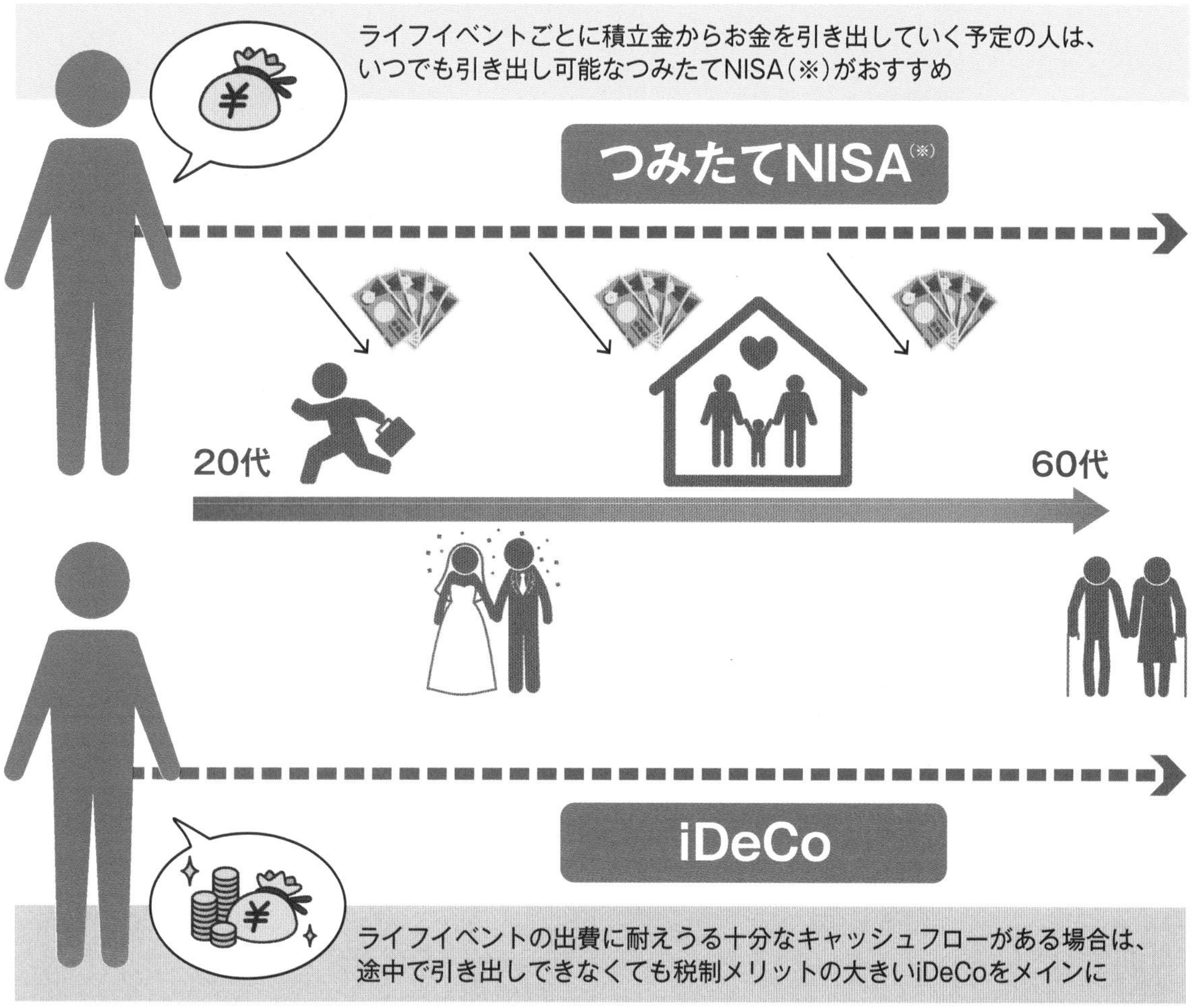
ライフイベントごとに積立金からお金を引き出していく予定の人は、
いつでも引き出し可能なつみたてNISA(※)がおすすめ
つみたてNISA(※)
20代
60代
iDeCo
ライフイベントの出費に耐えうる十分なキャッシュフローがある場合は、
途中で引き出しできなくても税制メリットの大きいiDeCoをメインに

●基本的考え方

20代	30代	40代	50代
積極的にリスクをとった資産作りも可能	ライフイベントを見据えた柔軟な運用を	家計とよく相談し、負担増に即した現実的な拠出で	出口を見据えて徐々に安全な資産の比率を増やす

(※)2024年からは新NISA

厳選！

つみたてNISA & iDeCo

投資信託おすすめ銘柄32選！

投資信託選びの参考に、著者がおすすめするNISA、iDeCo合わせて32銘柄を紹介。

26ページからの「運用テンプレート」で紹介している商品も解説しています。

おすすめ投資信託リストの見方

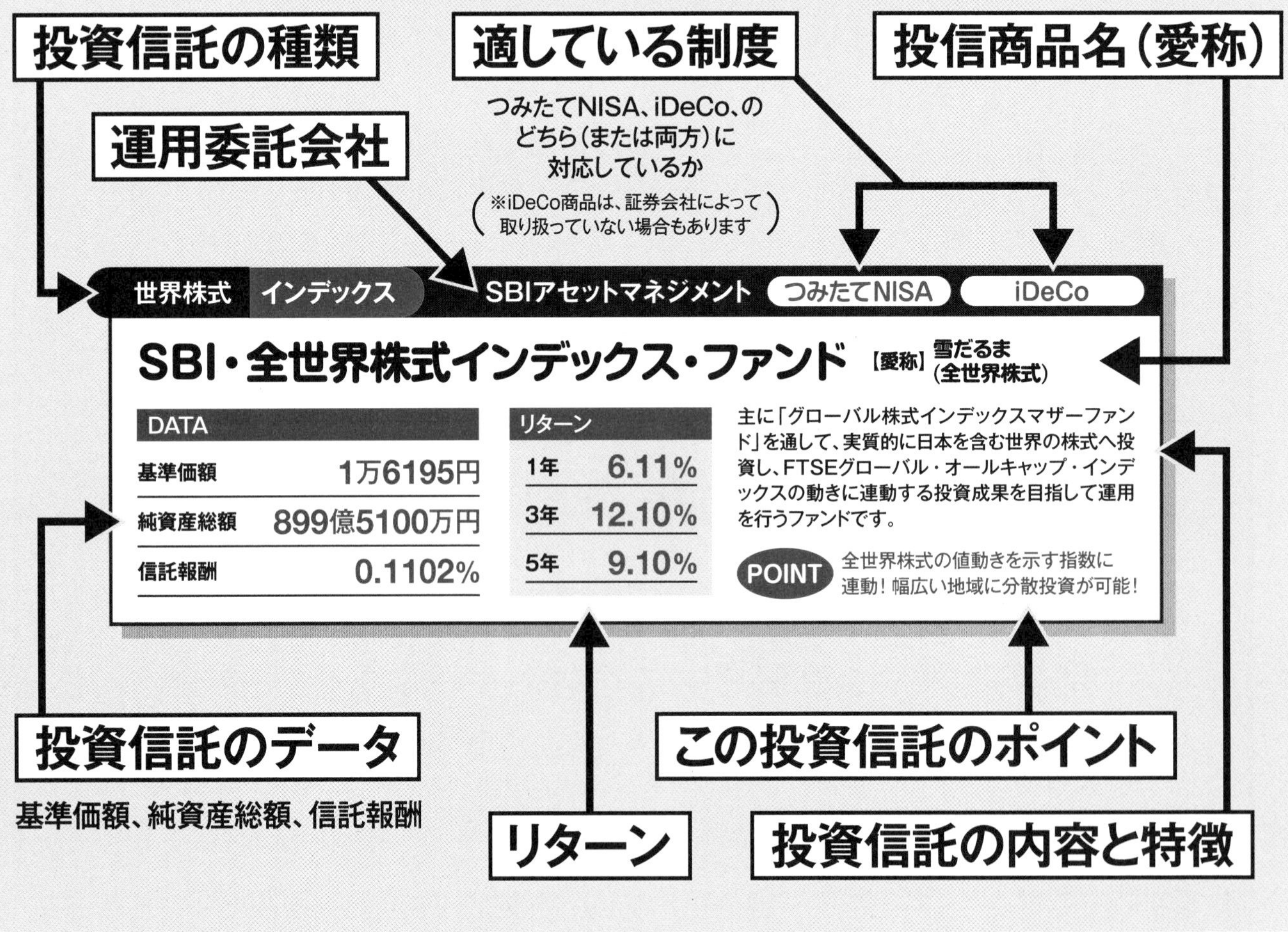

投資信託の種類
適している制度
投信商品名（愛称）
運用委託会社
つみたてNISA、iDeCo、の
どちら（または両方）に
対応しているか
（※iDeCo商品は、証券会社によって
取り扱っていない場合もあります）
世界株式
インデックス
SBIアセットマネジメント
つみたてNISA
iDeCo
SBI・全世界株式インデックス・ファンド
【愛称】雪だるま（全世界株式）
DATA
基準価額 1万6195円
純資産総額 899億5100万円
信託報酬 0.1102%
リターン
1年 6.11%
3年 12.10%
5年 9.10%
主に「グローバル株式インデックスマザーファンド」を通して、実質的に日本を含む世界の株式へ投資し、FTSEグローバル・オールキャップ・インデックスの動きに連動する投資成果を目指して運用を行うファンドです。
POINT
全世界株式の値動きを示す指数に連動！幅広い地域に分散投資が可能！
投資信託のデータ
基準価額、純資産総額、信託報酬
この投資信託のポイント
リターン
投資信託の内容と特徴

「DATA」「リターン」の数字は楽天証券のデータに基づく。基準価額、純資産総額は2023年2月10日現在のもの。リターン（年率）は2023年2月3日更新分。

ファンドの説明は各目論見書ベース。「適している制度」は宝島社調べで、「iDeCo」の記載のある商品でも、証券会社によっては扱っていない場合がある。

おすすめ投資信託リスト

運用テンプレート(P26ページ)対応商品

26ページ以降の「運用テンプレート」の中で紹介している投資信託15本です。

世界株式 インデックス 楽天投信投資顧問 つみたてNISA iDeCo

楽天・全世界株式インデックス・ファンド

【愛称】楽天・VT
(VT=バンガード・トータルの略)

DATA	
基準価額	1万6546円
純資産総額	2473億1800万円
信託報酬	0.199%

リターン	
1年	7.10%
3年	12.51%
5年	8.59%

「楽天・全世界株式インデックス・マザーファンド」を通じ、主に「VT・ワールド・ストックETF」「VT・ストック・マーケットETF」などに投資。FTSEグローバル・オールキャップ・インデックス(円換算ベース)に連動する投資成果を目指します。

POINT 全世界株式の値動きを示す指数に連動!幅広い地域に分散投資が可能!

世界株式 インデックス SBIアセットマネジメント つみたてNISA iDeCo

SBI・全世界株式インデックス・ファンド

【愛称】雪だるま(全世界株式)

DATA	
基準価額	1万6195円
純資産総額	899億5100万円
信託報酬	0.1102%

リターン	
1年	6.11%
3年	12.10%
5年	9.10%

主に「グローバル株式インデックスマザーファンド」を通して、実質的に日本を含む世界の株式へ投資し、FTSEグローバル・オールキャップ・インデックスの動きに連動する投資成果を目指して運用を行うファンドです。

POINT 全世界株式の値動きを示す指数に連動!幅広い地域に分散投資が可能!

世界株式 インデックス 三菱UFJ国際投信 つみたてNISA iDeCo

eMAXIS Slim全世界株式(オール・カントリー)

DATA	
基準価額	1万7047円
純資産総額	8894億9500万円
信託報酬	0.1144%

リターン	
1年	5.31%
3年	12.23%
5年	―

MSCIオール・カントリー・ワールド・インデックス(配当込み、円換算ベース)に連動する投資成果を目指して運用。主として対象インデックスに採用されている日本を含む先進国および新興国の株式等(DR(預託証書)を含む)への投資を行います。

POINT 全世界株式の値動きを示す指数に連動!幅広い地域に分散投資が可能!

バランス型　インデックス　三菱UFJ国際投信　つみたてNISA　iDeCo

eMAXIS Slimバランス（8資産均等型）

DATA	
基準価額	1万3477円
純資産総額	1779億7500万円
信託報酬	0.154%

リターン	
1年	0.21%
3年	4.36%
5年	5.46%

主に対象インデックスに採用されている国内／先進国／新興国の株式、国内／先進国／新興国の債券、国内／先進国不動産の投資信託に投資。各投資対象資産の指数を均等比率で組み合わせた合成ベンチマークに連動する成果を目指します。

POINT 同じ種類の信託報酬と比較して信託報酬が低い！

バランス型　インデックス　ニッセイアセットマネジメント　つみたてNISA　iDeCo

DCニッセイワールドセレクトファンド（株式重視型）

DATA	
基準価額	3万1642円
純資産総額	330億9500万円
信託報酬	0.154%

リターン	
1年	1.94%
3年	7.21%
5年	6.26%

主に国内外の株式および債券に投資する投資信託証券、短期金融資産を投資対象として、バランス運用を行い、実質的に国内外の株式市場および債券市場の動きを捉えることを目標とした運用を行うファンドです。

POINT 内外株式70%、内外債券30%と株式比率が高めのバランスファンド

バランス型　インデックス　ニッセイアセットマネジメント　つみたてNISA　iDeCo

DCニッセイワールドセレクトファンド（債券重視型）

DATA	
基準価額	1万9854円
純資産総額	250億3200万円
信託報酬	0.154%

リターン	
1年	-0.91%
3年	2.43%
5年	2.56%

主に国内外の株式および債券に投資する投資信託証券、短期金融資産を投資対象として、バランス運用を行い、実質的に国内外の株式市場および債券市場の動きを捉えることを目標とした運用を行い、上の「株式重視型」より債券比率が高めです。

POINT 内外株式30%、内外債券70%と安定重視の運用ができる

国内株式　インデックス　ニッセイアセットマネジメント　つみたてNISA　iDeCo

〈購入・換金手数料なし〉ニッセイ日経平均インデックスファンド

DATA	
基準価額	1万7155円
純資産総額	442億8300万円
信託報酬	0.154%

リターン	
1年	1.93%
3年	7.17%
5年	7.21%

日経平均株価(日経225、配当込み)の値動きを示す「日経平均トータルリターン・インデックス」の動きに連動する投資成果を目指し、原則として同指数に採用されている銘柄の中から200銘柄以上に等株数投資を行います。

POINT 同じ種類の信託報酬と比較して信託報酬が低い！

バランス型　インデックス　楽天投信投資顧問　つみたてNISA

楽天・インデックス・バランス・ファンド（株式重視型）【愛称】楽天・バンガード・ファンド（バランス株式重視型）

DATA	
基準価額	1万3762円
純資産総額	282億6300万円
信託報酬	0.211%

リターン	
1年	-1.63%
3年	7.25%
5年	――

複数の投資信託証券への投資を通じて、全世界の株式および投資適格債券へ分散投資。全世界株式および投資適格債券の代表的な指数に連動する投資成果を目指しています。各資産の基本配分は、株式70%、債券30%です。

POINT　この1本で世界の株式市場と債券市場全体に分散投資

世界株式　アクティブ　セゾン投信　つみたてNISA※

※ IFA（金融仲介業者）コースのみの取扱

セゾン資産形成の達人ファンド

DATA	
基準価額	3万2241円
純資産総額	2271億1700万円
信託報酬	1.54%

リターン	
1年	4.83%
3年	10.06%
5年	9.60%

複数のファンドへの投資を通じて、世界各国の株式に実質的に分散投資します。投資対象ファンドへの資産配分比率や投資するタイミングは、各地域の株式市場の動向や市場規模などを勘案し、長期的な視点で決定しています。

POINT　世界への幅広い分散投資。長期に安定した運用実績を誇るファンド

バランス型　アクティブ　セゾン投信　つみたてNISA※

※ IFA（金融仲介業者）コースのみの取扱

セゾン・グローバルバランスファンド

DATA	
基準価額	1万9336円
純資産総額	3393億5100万円
信託報酬	0.58%

リターン	
1年	1.29%
3年	6.66%
5年	6.25%

バンガード社が設定した国内外の株式市場、債券市場を投資対象としたインデックス型のファンド。このファンド1本で世界30カ国以上の株式と10カ国以上の債券に分散投資。原則、株式と債券へ半分ずつ投資し安定したリターンを目指します。

POINT　成長性を追求しつつもリスクも抑えたいならこれ！

バランス型　インデックス　大和アセットマネジメント　つみたてNISA　iDeCo

ダイワ・ライフ・バランス30

DATA	
基準価額	1万7815円
純資産総額	226億7800万円
信託報酬	0.198%

リターン	
1年	-1.27%
3年	2.27%
5年	2.46%

複数のマザーファンドを通じて、国内外の株式および債券に投資。標準組入比率（日本株式20%、日本債券55%、外国株式10%、外国債券15%）をめどに投資します。各資産ごとのベンチマークを合成した指数に連動する投資成果を目指します。

POINT　シンプルでわかりやすい構成比率！信託財産の中長期的な成長を目指す

バランス型　アクティブ　アセットマネジメントOne　iDeCo

投資のソムリエ

DATA	
基準価額	1万1305円
純資産総額	383億5600万円
信託報酬	1.21%

リターン	
1年	-6.77%
3年	0.03%
5年	0.81%

国内、先進国、新興国の債券、株式、リートなどの8資産に分散投資。基準価額の変動リスクを年率4%程度に抑えながら安定的な基準価額の上昇を目指すとともに、機動的配分戦略に基づき、急な投資環境の変化に対応することを目指します。

POINT ワイン選びの手助けをするソムリエのように、運用を手助け

国内株式　インデックス　三菱UFJ国際投信　つみたてNISA　iDeCo

eMAXIS Slim国内株式（TOPIX）

DATA	
基準価額	1万4607円
純資産総額	634億7000万円
信託報酬	0.154%

リターン	
1年	3.84%
3年	7.69%
5年	5.11%

「TOPIXマザーファンド」を通じて、主に国内の株式に投資し、東証株価指数（TOPIX、配当込み）と連動する投資成果を目指します。TOPIXとは、東京証券取引所に上場する銘柄を対象として、算出・公表されている株価指数です。

POINT 低コストでTOPIXに連動する投資成果を目指した運用

国内株式　アクティブ　日興アセットマネジメント　つみたてNISA　iDeCo

年金積立　Jグロース　【愛称】つみたてJグロース

DATA	
基準価額	3万4455円
純資産総額	582億3700万円
信託報酬	0.902%

リターン	
1年	0.95%
3年	8.37%
5年	6.45%

「Jグロース マザーファンド」への投資を通じて、成長が期待できる企業、自己資本利益率が高い企業、株主への利益還元が期待できる企業を厳選して投資し、TOPIXの動きを上回る投資成果の獲得を目指します。

POINT TOPIXを上回るリターンを10年以上維持

世界株式　アクティブ　キャピタル・インターナショナル　つみたてNISA　iDeCo

キャピタル世界株式ファンド（DC年金つみたて専用）

DATA	
基準価額	2万3136円
純資産総額	364億8200万円
信託報酬	1.085%

リターン	
1年	-1.72%
3年	12.02%
5年	12.42%

キャピタル・グループのグローバルな運用力を活用し、「キャピタル世界株式マザーファンド」を通じて、世界各国の株式等を主な投資対象とするファンドと、国内の公社債・金融商品を主な投資対象とするファンドに投資しています。

POINT アクティブ運用で有名な世界的運用会社が運用する世界株式投信

おすすめ投資信託リスト

その他の厳選・おすすめ商品

「運用テンプレート」でも使え、
また、自分でポートフォリオをカスタマイズしたい場合のおすすめ投資信託です。

バランス型 インデックス　三井住友DSアセットマネジメント　つみたてNISA

三井住友・DCつみたてNISA・世界分散ファンド

DATA	
基準価額	1万2881円
純資産総額	17億8000万円
信託報酬	0.231%

リターン	
1年	-0.69%
3年	4.86%
5年	5.74%

世界各国の債券や株式、REITなどに分散投資し、各マザーファンドが連動の対象とする指数を基本資産配分比率に基づいて作成した合成指数をベンチマークとし、そのベンチマークの動きに連動する投資成果を目指すファンドです。

POINT 名前の通り、世界の債券、株式等に幅広く分散投資

バランス型 インデックス　楽天投信投資顧問　iDeCo

楽天・インデックス・バランス（DC年金）

DATA	
基準価額	1万183円
純資産総額	194億7200万円
信託報酬	0.162%

リターン	
1年	-6.61%
3年	-4.56%
5年	0.94%

外国投資信託への投資を通じ、実質的に日本を含む全世界の株式および投資適格債券へ分散投資を行います。各市場の代表的な指数に連動する投資成果を目指して運用を行うファンドです。各資産の基本配分は、株式15%、債券85%。

POINT 債券比率が高く、リスクを抑えた運用ができる

バランス型 アクティブ　ピクテ・ジャパン　つみたてNISA

ピクテ・マルチアセット・アロケーション・ファンド 【愛称】クアトロ

DATA	
基準価額	1万1254円
純資産総額	2716億5600万円
信託報酬	2.0%

リターン	
1年	-6.79%
3年	-0.80%
5年	0.64%

さまざまな資産へ、高い運用力が期待できる戦略を選別し分散投資しています。市場環境に応じて資産やその配分比率を機動的に変更、オルタナティブ戦略を採用する投資信託証券への投資も行い、さらなる分散投資効果を追求しています。

POINT 下落リスクを低減、中期的に安定収益を獲得する「負けない運用」を目指す

先進国株式　インデックス　三菱UFJ国際投信　つみたてNISA　iDeCo

eMAXIS Slim先進国株式インデックス

DATA	
基準価額	2万172円
純資産総額	4031億300万円
信託報酬	0.1023%

リターン	
1年	3.53%
3年	13.49%
5年	13.23%

「外国株式インデックスマザーファンド」を通じて、主に日本を除く先進国の株式に投資を行い、MSCIコクサイ・インデックス（配当込み、円換算ベース）と連動する投資成果を目指すファンド。信託報酬の安さも魅力です。

POINT 同じ種類のファンドと比較して信託報酬が低い！

新興国株式　インデックス　SBIアセットマネジメント　つみたてNISA

SBI・新興国株式インデックス・ファンド【愛称】雪だるま（新興国株式）

DATA	
基準価額	1万2471円
純資産総額	184億8700万円
信託報酬	0.176%

リターン	
1年	-3.75%
3年	6.16%
5年	4.42%

主に「新興国株式インデックスマザーファンド」を通じて実質的に新興国の株式に投資。FTSEエマージング・インデックス（円換算ベース）の動きに連動する投資成果を目指して運用、マザーファンドはETFを含む投資信託を主要投資対象とします。

POINT 同じ種類のファンドと比較して信託報酬が低い！

世界株式　インデックス　三菱UFJ国際投信　つみたてNISA　iDeCo

eMAXIS Slim全世界株式（除く日本）

DATA	
基準価額	1万7132円
純資産総額	2111億5800万円
信託報酬	0.1144%以内

リターン	
1年	2.62%
3年	12.44%
5年	――

主に外国株式／新興国株式インデックスマザーファンドへの投資を通じて、主として日本を除く先進国、新興国の株式等に投資、MSCIオール・カントリー・ワールド・インデックス（除く日本、配当込み、円換算ベース）に連動する投資成果を目指します。

POINT 同じ種類のファンドと比較して信託報酬が低い！

米国株式　アクティブ　フィデリティ投信　つみたてNISA　iDeCo

フィデリティ・米国優良株・ファンド

DATA	
基準価額	3万7908円
純資産総額	731億7400万円
信託報酬	1.639%

リターン	
1年	1.78%
3年	13.67%
5年	14.14%

「フィデリティ・米国優良株・マザーファンド」を通じ、米国の取引所に上場（これに準ずるものを含む）されている株式に投資。米国および世界の主要拠点のアナリストによる企業調査結果を活かした個別企業分析により、国際的な優良企業に投資します。

POINT パフォーマンス好調な米国株の中でも好成績を誇るファンド

米国株式 インデックス 三菱UFJ国際投信 つみたてNISA iDeCo

eMAXIS Slim米国株式(S&P500)

DATA	
基準価額	1万9004円
純資産総額	1兆7844億2000万円
信託報酬	0.0968%

リターン	
1年	2.75%
3年	14.66%
5年	―

「S&P500インデックスマザーファンド」への投資を通じて、主にS&P500(配当込み、円換算ベース)の値動きに連動する投資成果を目指します。中長期で経済成長が期待できる米国の主要産業を代表する約500社にこれ1本で投資できます。

POINT 米国主要500社に幅広く分散投資する一番人気の商品!

米国株式 インデックス 楽天投信投資顧問 つみたてNISA iDeCo

楽天・全米株式インデックス・ファンド 【愛称】VTI

DATA	
基準価額	1万9638円
純資産総額	7967億500万円
信託報酬	0.162%

リターン	
1年	2.01%
3年	14.03%
5年	14.81%

「楽天・全米株式インデックス・マザーファンド」を通じ、CRSP USトータル・マーケット・インデックス(円換算ベース)に連動する投資成果を目指します。対象指数に連動する「バンガード・トータル・ストック・マーケットETF」が実質的な主要投資対象。

POINT 米国株式市場の約4000銘柄に広く分散投資

米国株式 インデックス 大和アセットマネジメント つみたてNISA iDeCo

iFree NYダウ・インデックス

DATA	
基準価額	2万6277円
純資産総額	458億2300万円
信託報酬	0.2475%

リターン	
1年	9.15%
3年	12.82%
5年	13.13%

主に「NYダウ・インデックス・マザーファンド」を通じて米国の株式(DR(預託証券)を含む)に投資し、投資成果をダウ・ジョーンズ工業株価平均(円ベース)の動きに連動させることを目指して運用。原則、ダウ工業株価平均採用の全銘柄に投資します。

POINT 同じ種類のファンドと比較して信託報酬が低い!

米国株式 インデックス 大和アセットマネジメント つみたてNISA iDeCo

iFreeNEXT NASDAQ100インデックス

DATA	
基準価額	1万9350円
純資産総額	535億1200万円
信託報酬	0.495%

リターン	
1年	-6.08%
3年	15.73%
5年	―

主に「NASDAQ100インデックス・マザーファンド」を通じて、米国の株式(DR(預託証券)を含む)に投資し、NASDAQ100指数(円ベース)の動きに連動した投資成果を目指して運用。NASDAQ100指数を構成する銘柄に投資します。

POINT 人気が高く過去実績も良好なNASDAQ100に連動を目指す!

先進国株式　インデックス　三菱UFJ国際投信　つみたてNISA　iDeCo

つみたて先進国株式

DATA	
基準価額	1万9171円
純資産総額	1030億1000万円
信託報酬	0.22%

リターン	
1年	3.40%
3年	13.35%
5年	13.11%

「外国株式インデックスマザーファンド」への投資を通じ、主にMSCIコクサイ・インデックス（配当込み、円換算ベース）に採用されている先進国の株式に投資、先進国の株式市場（同インデックス）の値動きに連動する投資成果を目指し運用を行います。

POINT ネット証券のみならず、地方銀行など対面で取り扱う金融機関が多い

先進国=日本を除く

先進国株式　インデックス　りそなアセットマネジメント　つみたてNISA　iDeCo

Smart-i　先進国株式インデックス

DATA	
基準価額	1万9309円
純資産総額	288億3800万円
信託報酬	0.22%

リターン	
1年	3.31%
3年	13.30%
5年	13.02%

主に「RM先進国株式マザーファンド」を通じ、金融商品取引所に上場、店頭登録されている先進国の株式とその指数を対象指数としたETFに投資し、MSCI-KOKUSAI指数（配当込み、円換算ベース）の動きに連動する投資成果を目指します。

POINT 比較的安定成長の先進国株式に分散投資

先進国=日本を除く

先進国・新興国株式　インデックス　アセットマネジメントOne　つみたてNISA

たわらノーロード　全世界株式

DATA	
基準価額	1万5845円
純資産総額	44億7200万円
信託報酬	0.132%

リターン	
1年	2.56%
3年	12.00%
5年	――

主に複数のマザーファンドを通じて国内外の株式に実質的に投資し、「MSCIオール・カントリー・ワールド・インデックス(円換算ベース、配当込み、為替ヘッジなし)」に連動する投資成果を目指し運用を行います。

POINT 全世界株式の値動きを示す指数に連動。幅広い地域に分散投資が可能

国内株式　アクティブ　三井住友DSアセットマネジメント　つみたてNISA　iDeCo

大和住銀DC国内株式ファンド

DATA	
基準価額	1万9653円
純資産総額	325億6600万円
信託報酬	1.045%

リターン	
1年	5.59%
3年	12.05%
5年	8.04%

「年金日本株式マザーファンド」への投資を通じ、主に国内株式に投資。ファンダメンタル価値比割安性(バリュー)を重視し、収益性・成長性を勘案したアクティブ運用を目指します。TOPIX（配当込み）をベンチマークとしています。

POINT 国内の優良バリュー株に投資。15年以上の運用実績を持つ

バランス型 インデックス　ニッセイアセットマネジメント　つみたてNISA

〈購入・換金手数料なし〉ニッセイ・インデックスバランスファンド（4資産均等型）

DATA	
基準価額	1万4295円
純資産総額	271億1200万円
信託報酬	0.154%

リターン	
1年	0.59%
3年	5.59%
5年	5.19%

TOPIX（配当込み）、NOMURA-BPI総合、MSCIコクサイ・インデックス（配当込み、円換算ベース）、FTSE世界国債インデックス（除く日本、円換算ベース）を25％ずつ組み合せた合成ベンチマークの動きに連動する投資成果を目指します。

POINT 国内の株式・債券、海外の株式・債券に均等投資

バランス型 インデックス　楽天投信投資顧問　つみたてNISA

楽天・インデックス・バランス・ファンド（均等型）【愛称】インデックスバランス（均等型）

DATA	
基準価額	1万2354円
純資産総額	47億6000万円
信託報酬	0.217%

リターン	
1年	-4.41%
3年	3.96%
5年	──

複数の投資信託証券への投資を通じて、日本を含む全世界の株式および投資適格債券へ分散投資。全世界株式および投資適格債券の代表的な指数に連動する投資成果を目指し、各資産の基本配分は、株式50%、債券50%としています。

POINT 世界株式50%、債券50%。成長性も追求しつつもリスクも抑えたい人向け

● iDeCo用定期預金の例

2023年2月10日現在で公表されている数値より

銀行名	商品名	年利（税込）
三菱UFJ銀行	三菱UFJ銀行確定拠出年金専用1年定期預金	0.002%
みずほ銀行	みずほDC定期預金（1年）	0.002%
三井住友銀行	三井住友銀行確定拠出年金定期預金（5年）	0.002%
りそな銀行	りそな据置定期預金「フリーポケット401k」	0.002%
三井住友信託銀行	三井住友信託DC定期（固定金利型）5年	0.002%
イオン銀行	イオン銀行iDeCo 定期預金5年	0.002%
あおぞら銀行	あおぞらDC定期（1年）	0.01%
セブン銀行	セブン銀行確定拠出年金専用定期預金5年	0.01%

つみたてNISA（新NISAつみたて投資枠）対象投資信託リスト

金融庁が定めた条件を満たしたつみたてNISA対象商品届出一覧（運用会社別）から221本の商品をご紹介します（2023年2月9日現在）

【指定インデックス投資信託：188本】

ファンド名称（※1）	運用会社
auスマート・ベーシック（安定）	auアセットマネジメント㈱
auスマート・ベーシック（安定成長）	auアセットマネジメント㈱
JP4資産均等バランス	JP投信㈱
PayPay投信 日経225インデックス	PayPayアセットマネジメント㈱
SBI・全世界株式インデックス・ファンド	SBIアセットマネジメント㈱
SBI・新興国株式インデックス・ファンド	SBIアセットマネジメント㈱
SBI・先進国株式インデックス・ファンド	SBIアセットマネジメント㈱
SBI・V・S&P500インデックス・ファンド	SBIアセットマネジメント㈱
SBI・V・全世界株式インデックス・ファンド	SBIアセットマネジメント㈱
SBI・V・全米株式インデックス・ファンド	SBIアセットマネジメント㈱
グローバル株式インデックス・ポートフォリオ（M）	sustenキャピタル・マネジメント㈱
朝日ライフ 日経平均ファンド	朝日ライフ アセットマネジメント㈱
たわらノーロード　TOPIX	アセットマネジメントOne㈱
たわらノーロード　最適化バランス（安定型）	アセットマネジメントOne㈱
たわらノーロード　最適化バランス（安定成長型）	アセットマネジメントOne㈱
たわらノーロード　最適化バランス（成長型）	アセットマネジメントOne㈱
たわらノーロード　最適化バランス（積極型）	アセットマネジメントOne㈱
たわらノーロード　最適化バランス（保守型）	アセットマネジメントOne㈱
たわらノーロード　新興国株式	アセットマネジメントOne㈱
たわらノーロード　先進国株式	アセットマネジメントOne㈱
たわらノーロード　先進国株式＜為替ヘッジあり＞	アセットマネジメントOne㈱
たわらノーロード　日経225	アセットマネジメントOne㈱
たわらノーロード　バランス（8資産均等型）	アセットマネジメントOne㈱
たわらノーロード　バランス（堅実型）	アセットマネジメントOne㈱
たわらノーロード　バランス（積極型）	アセットマネジメントOne㈱
たわらノーロード　バランス（標準型）	アセットマネジメントOne㈱
たわらノーロード　全世界株式	アセットマネジメントOne㈱
日本株式・Jリートバランスファンド	岡三アセットマネジメント㈱
しんきんノーロード日経225	しんきんアセットマネジメント投信㈱
グローバル株式ファンド	スカイオーシャン・アセットマネジメント㈱
全世界株式インデックス・ファンド	ステート・ストリート・グローバル・アドバイザーズ㈱
米国株式インデックス・ファンド	ステート・ストリート・グローバル・アドバイザーズ㈱
iFree 8資産バランス	大和アセットマネジメント㈱
iFree JPX日経400インデックス	大和アセットマネジメント㈱
iFree S&P500インデックス	大和アセットマネジメント㈱
iFree TOPIXインデックス	大和アセットマネジメント㈱
iFree 外国株式インデックス（為替ヘッジあり）	大和アセットマネジメント㈱
iFree 外国株式インデックス（為替ヘッジなし）	大和アセットマネジメント㈱
iFree 新興国株式インデックス	大和アセットマネジメント㈱
iFree 日経225インデックス	大和アセットマネジメント㈱
ダイワ・ライフ・バランス30	大和アセットマネジメント㈱
ダイワ・ライフ・バランス50	大和アセットマネジメント㈱
ダイワ・ライフ・バランス70	大和アセットマネジメント㈱
つみたて日経225インデックスファンド	中銀アセットマネジメント㈱

付録 ［投資信託おすすめ銘柄32選！］

ファンド名称（※1）	運用会社
ドイチェ・ETFバランス・ファンド	ドイチェ・アセット・マネジメント㈱
東京海上・円資産インデックスバランスファンド	東京海上アセットマネジメント㈱
東京海上セレクション・外国株式インデックス	東京海上アセットマネジメント㈱
東京海上セレクション・日本株ＴＯＰＩＸ	東京海上アセットマネジメント㈱
東京海上ターゲット・イヤー・ファンド2035	東京海上アセットマネジメント㈱
東京海上ターゲット・イヤー・ファンド2045	東京海上アセットマネジメント㈱
東京海上ターゲット・イヤー・ファンド2055	東京海上アセットマネジメント㈱
東京海上ターゲット・イヤー・ファンド2065	東京海上アセットマネジメント㈱
東京海上・日経225インデックスファンド	東京海上アセットマネジメント㈱
Tracers グローバル３分法（おとなのバランス）（※2）	日興アセットマネジメント㈱
<購入・換金手数料なし>ニッセイ・インデックスバランスファンド（4資産均等型）	ニッセイアセットマネジメント㈱
<購入・換金手数料なし>ニッセイ・インデックスバランスファンド（6資産均等型）	ニッセイアセットマネジメント㈱
<購入・換金手数料なし>ニッセイJPX日経400インデックスファンド	ニッセイアセットマネジメント㈱
<購入・換金手数料なし>ニッセイTOPIXインデックスファンド	ニッセイアセットマネジメント㈱
<購入・換金手数料なし>ニッセイ外国株式インデックスファンド	ニッセイアセットマネジメント㈱
<購入・換金手数料なし>ニッセイ新興国株式インデックスファンド	ニッセイアセットマネジメント㈱
<購入・換金手数料なし>ニッセイ世界株式ファンド（GDP型バスケット）	ニッセイアセットマネジメント㈱
<購入・換金手数料なし>ニッセイ日経平均インデックスファンド	ニッセイアセットマネジメント㈱
DCニッセイワールドセレクトファンド（安定型）	ニッセイアセットマネジメント㈱
DCニッセイワールドセレクトファンド（株式重視型）	ニッセイアセットマネジメント㈱
DCニッセイワールドセレクトファンド（債券重視型）	ニッセイアセットマネジメント㈱
DCニッセイワールドセレクトファンド（標準型）	ニッセイアセットマネジメント㈱
ニッセイ・インデックスパッケージ（国内・株式／リート／債券）	ニッセイアセットマネジメント㈱
ニッセイ・インデックスパッケージ（内外・株式）	ニッセイアセットマネジメント㈱
ニッセイ・インデックスパッケージ（内外・株式／リート）	ニッセイアセットマネジメント㈱
ニッセイ・インデックスパッケージ（内外・株式／リート／債券）	ニッセイアセットマネジメント㈱
ニッセイTOPIXオープン	ニッセイアセットマネジメント㈱
ニッセイ日経225インデックスファンド	ニッセイアセットマネジメント㈱
農林中金<パートナーズ>つみたてNISA日本株式 日経225	農林中金全共連アセットマネジメント㈱
農林中金<パートナーズ>つみたてNISA米国株式 S&P500	農林中金全共連アセットマネジメント㈱
NZAM・ベータ　日経225	農林中金全共連アセットマネジメント㈱
NZAM・ベータ　S&P500	農林中金全共連アセットマネジメント㈱
NZAM・ベータ　日本2資産（株式＋REIT）	農林中金全共連アセットマネジメント㈱
NZAM・ベータ　米国2資産（株式＋REIT）	農林中金全共連アセットマネジメント㈱
世界6資産分散ファンド	野村アセットマネジメント㈱
野村6資産均等バランス	野村アセットマネジメント㈱
野村インデックスファンド・JPX日経400	野村アセットマネジメント㈱
野村インデックスファンド・TOPIX	野村アセットマネジメント㈱
野村インデックスファンド・海外5資産バランス	野村アセットマネジメント㈱
野村インデックスファンド・外国株式	野村アセットマネジメント㈱
野村インデックスファンド・外国株式・為替ヘッジ型	野村アセットマネジメント㈱
野村インデックスファンド・新興国株式	野村アセットマネジメント㈱
野村インデックスファンド・内外7資産バランス・為替ヘッジ型	野村アセットマネジメント㈱
野村インデックスファンド・日経225	野村アセットマネジメント㈱
野村つみたて外国株投信	野村アセットマネジメント㈱
野村つみたて日本株投信	野村アセットマネジメント㈱
野村資産設計ファンド（DC・つみたてNISA）2030	野村アセットマネジメント㈱
野村資産設計ファンド（DC・つみたてNISA）2040	野村アセットマネジメント㈱
野村資産設計ファンド（DC・つみたてNISA）2050	野村アセットマネジメント㈱
野村資産設計ファンド（DC・つみたてNISA）2060	野村アセットマネジメント㈱
野村スリーゼロ先進国株式投信	野村アセットマネジメント㈱
フィデリティ・ターゲット・デート・ファンド（ベーシック）2040	フィデリティ投信㈱
フィデリティ・ターゲット・デート・ファンド（ベーシック）2045	フィデリティ投信㈱
フィデリティ・ターゲット・デート・ファンド（ベーシック）2050	フィデリティ投信㈱
フィデリティ・ターゲット・デート・ファンド（ベーシック）2055	フィデリティ投信㈱
フィデリティ・ターゲット・デート・ファンド（ベーシック）2060	フィデリティ投信㈱
フィデリティ・ターゲット・デート・ファンド（ベーシック）2065	フィデリティ投信㈱
フィデリティ・ターゲット・デート・ファンド（ベーシック）2070	フィデリティ投信㈱
ブラックロック・つみたて・グローバルバランスファンド	ブラックロック・ジャパン㈱
iシェアーズ　米国株式（Ｓ＆Ｐ500）インデックス・ファンド	ブラックロック・ジャパン㈱
外国株式指数ファンド	三井住友DSアセットマネジメント㈱
三井住友・DC新興国株式インデックスファンド	三井住友DSアセットマネジメント㈱
三井住友・DCターゲットイヤーファンド2040（4資産タイプ）	三井住友DSアセットマネジメント㈱
三井住友・DCターゲットイヤーファンド2045（4資産タイプ）	三井住友DSアセットマネジメント㈱
三井住友・DCつみたてNISA・世界分散ファンド	三井住友DSアセットマネジメント㈱
三井住友・DCつみたてNISA・全海外株インデックスファンド	三井住友DSアセットマネジメント㈱
三井住友・DCつみたてNISA・日本株インデックスファンド	三井住友DSアセットマネジメント㈱
三井住友・DC年金バランス30（債券重点型）	三井住友DSアセットマネジメント㈱
三井住友・DC年金バランス50（標準型）	三井住友DSアセットマネジメント㈱
三井住友・DC年金バランス70（株式重点型）	三井住友DSアセットマネジメント㈱
SMBC・DCインデックスファンド（日経225）	三井住友DSアセットマネジメント㈱
SMBC・DCインデックスファンド（S＆P500）	三井住友DSアセットマネジメント㈱
SMBC・DCインデックスファンド（MSCIコクサイ）	三井住友DSアセットマネジメント㈱

ファンド名称（※1）	運用会社
Ｍｙ　ＳＭＴ　ＴＯＰＩＸインデックス（ノーロード）	三井住友トラスト・アセットマネジメント㈱
Ｍｙ　ＳＭＴ　グローバル株式インデックス（ノーロード）	三井住友トラスト・アセットマネジメント㈱
Ｍｙ　ＳＭＴ　新興国株式インデックス（ノーロード）	三井住友トラスト・アセットマネジメント㈱
Ｍｙ　ＳＭＴ　日経 225 インデックス（ノーロード）	三井住友トラスト・アセットマネジメント㈱
Ｍｙ　ＳＭＴ　Ｓ＆Ｐ５００インデックス（ノーロード）	三井住友トラスト・アセットマネジメント㈱
SBI資産設計オープン（つみたてNISA対応型）	三井住友トラスト・アセットマネジメント㈱
SMT　8資産インデックスバランス・オープン	三井住友トラスト・アセットマネジメント㈱
SMT　JPX日経インデックス400・オープン	三井住友トラスト・アセットマネジメント㈱
SMT　TOPIXインデックス・オープン	三井住友トラスト・アセットマネジメント㈱
SMT　グローバル株式インデックス・オープン	三井住友トラスト・アセットマネジメント㈱
SMT　新興国株式インデックス・オープン	三井住友トラスト・アセットマネジメント㈱
SMT　世界経済インデックス・オープン	三井住友トラスト・アセットマネジメント㈱
SMT　世界経済インデックス・オープン（株式シフト型）	三井住友トラスト・アセットマネジメント㈱
SMT　世界経済インデックス・オープン（債券シフト型）	三井住友トラスト・アセットマネジメント㈱
SMT　日経225インデックス・オープン	三井住友トラスト・アセットマネジメント㈱
eMAXIS JPX日経400インデックス	三菱UFJ国際投信㈱
eMAXIS Slim 国内株式（TOPIX）	三菱UFJ国際投信㈱
eMAXIS Slim 国内株式（日経平均）	三菱UFJ国際投信㈱
eMAXIS Slim 新興国株式インデックス	三菱UFJ国際投信㈱
eMAXIS Slim 先進国株式インデックス	三菱UFJ国際投信㈱
eMAXIS Slim 全世界株式（3地域均等型）	三菱UFJ国際投信㈱
eMAXIS Slim 全世界株式（除く日本）	三菱UFJ国際投信㈱
eMAXIS Slim 全世界株式（オール・カントリー）	三菱UFJ国際投信㈱
eMAXIS Slim バランス（8資産均等型）	三菱UFJ国際投信㈱
eMAXIS Slim 米国株式（S&P500）	三菱UFJ国際投信㈱
eMAXIS TOPIXインデックス	三菱UFJ国際投信㈱
eMAXIS 最適化バランス（マイ　ゴールキーパー）	三菱UFJ国際投信㈱
eMAXIS 最適化バランス（マイ　ストライカー）	三菱UFJ国際投信㈱
eMAXIS 最適化バランス（マイ　ディフェンダー）	三菱UFJ国際投信㈱
eMAXIS 最適化バランス（マイ　フォワード）	三菱UFJ国際投信㈱
eMAXIS 最適化バランス（マイ　ミッドフィルダー）	三菱UFJ国際投信㈱
eMAXIS 新興国株式インデックス	三菱UFJ国際投信㈱
eMAXIS 先進国株式インデックス	三菱UFJ国際投信㈱
eMAXIS 全世界株式インデックス	三菱UFJ国際投信㈱
eMAXIS 日経225インデックス	三菱UFJ国際投信㈱
eMAXIS バランス（4資産均等型）	三菱UFJ国際投信㈱
eMAXIS バランス（8資産均等型）	三菱UFJ国際投信㈱
eMAXIS マイマネージャー　1970s	三菱UFJ国際投信㈱
eMAXIS マイマネージャー　1980s	三菱UFJ国際投信㈱
eMAXIS マイマネージャー　1990s	三菱UFJ国際投信㈱
つみたて4資産均等バランス	三菱UFJ国際投信㈱
つみたて8資産均等バランス	三菱UFJ国際投信㈱
つみたて新興国株式	三菱UFJ国際投信㈱
つみたて先進国株式	三菱UFJ国際投信㈱
つみたて先進国株式（為替ヘッジあり）	三菱UFJ国際投信㈱
つみたて日本株式（TOPIX）	三菱UFJ国際投信㈱
つみたて日本株式（日経平均）	三菱UFJ国際投信㈱
つみたて米国株式（S&P500）	三菱UFJ国際投信㈱
つみたて全世界株式	三菱UFJ国際投信㈱
楽天・インデックス・バランス・ファンド（株式重視型）	楽天投信投資顧問㈱
楽天・インデックス・バランス・ファンド（均等型）	楽天投信投資顧問㈱
楽天・インデックス・バランス・ファンド（債券重視型）	楽天投信投資顧問㈱
楽天・全世界株式インデックス・ファンド	楽天投信投資顧問㈱
楽天・全世界株式（除く米国）インデックス・ファンド	楽天投信投資顧問㈱
楽天・全米株式インデックス・ファンド	楽天投信投資顧問㈱
楽天・資産づくりファンド（がっちりコース）	楽天投信投資顧問㈱
楽天・資産づくりファンド（しっかりコース）	楽天投信投資顧問㈱
楽天・資産づくりファンド（じっくりコース）	楽天投信投資顧問㈱
楽天・資産づくりファンド（なかなかコース）	楽天投信投資顧問㈱
楽天・資産づくりファンド（のんびりコース）	楽天投信投資顧問㈱
Smart-i　８資産バランス　安定型	りそなアセットマネジメント㈱
Smart-i　８資産バランス　安定成長型	りそなアセットマネジメント㈱
Smart-i　８資産バランス　成長型	りそなアセットマネジメント㈱
Ｓｍａｒｔ－ｉ　Ｓｅｌｅｃｔ　全世界株式インデックス	りそなアセットマネジメント㈱
Ｓｍａｒｔ－ｉ　Ｓｅｌｅｃｔ　全世界株式インデックス（除く日本）	りそなアセットマネジメント㈱
Smart-i TOPIXインデックス	りそなアセットマネジメント㈱
Smart-i 新興国株式インデックス	りそなアセットマネジメント㈱
Smart-i 先進国株式インデックス	りそなアセットマネジメント㈱
Smart-i 日経225インデックス	りそなアセットマネジメント㈱
Smart-i　S&P500インデックス	りそなアセットマネジメント㈱
つみたてバランスファンド	りそなアセットマネジメント㈱

※1　ファンド名称は、運用会社の五十音順で表示している。

※2　2月9日、「Tracers グローバル３分法（おとなのバランス）」を追加。

付録 ［投資信託おすすめ銘柄32選！］

【指定インデックス投資信託以外の投資信託（アクティブ運用投資信託等）：26本】

ファンド名称（※1）	運用会社
ＨＳＢＣ ワールド・セレクション（成長コース）	ＨＳＢＣアセットマネジメント㈱
LOSA長期保有型国際分散インデックスファンド	PayPayアセットマネジメント㈱
EXE-i　グローバル中小型株式ファンド	SBIアセットマネジメント㈱
ハッピーエイジング20	SOMPOアセットマネジメント㈱
ハッピーエイジング30	SOMPOアセットマネジメント㈱
ハッピーエイジング40	SOMPOアセットマネジメント㈱
たわらノーロード　ＮＹダウ	アセットマネジメントOne㈱
結い 2101	鎌倉投信㈱
キャピタル世界株式ファンド（ＤＣ年金つみたて専用）	キャピタル・インターナショナル(株)
コモンズ30ファンド	コモンズ投信㈱
セゾン・グローバルバランスファンド	セゾン投信㈱
セゾン資産形成の達人ファンド	セゾン投信㈱
ｉＦｒｅｅ ＮＹダウ・インデックス	大和アセットマネジメント㈱
年金積立　Ｊグロース	日興アセットマネジメント㈱
ニッセイ日本株ファンド	ニッセイアセットマネジメント㈱
のむラップ・ファンド（積極型）	野村アセットマネジメント㈱
野村インデックスファンド・米国株式配当貴族	野村アセットマネジメント㈱
野村インデックスファンド・米国株式配当貴族・為替ヘッジ型	野村アセットマネジメント㈱
フィデリティ・欧州株・ファンド	フィデリティ投信㈱
フィデリティ・米国優良株・ファンド	フィデリティ投信㈱
ブラックロック・インデックス投資戦略ファンド	ブラックロック・ジャパン㈱
大和住銀DC国内株式ファンド	三井住友DSアセットマネジメント㈱
世界経済インデックスファンド	三井住友トラスト・アセットマネジメント㈱
eMAXIS NYダウインデックス	三菱UFJ国際投信㈱
ひふみ投信	レオス・キャピタルワークス㈱
ひふみプラス	レオス・キャピタルワークス㈱

※1　ファンド名称は、運用会社の五十音順で表示している。

【上場株式投資信託（ETF）：7本】

ファンド名称（※1）	運用会社
ダイワ上場投信－JPX日経400	大和アセットマネジメント㈱
ダイワ上場投信－トピックス	大和アセットマネジメント㈱
ダイワ上場投信－日経225	大和アセットマネジメント㈱
上場インデックスファンド米国株式（S&P500）	日興アセットマネジメント㈱
上場インデックスファンド世界株式（MSCI ACWI）除く日本	日興アセットマネジメント㈱
上場インデックスファンド海外先進国株式（MSCI-KOKUSAI）	日興アセットマネジメント㈱
上場インデックスファンド海外新興国株式（MSCIエマージング）	日興アセットマネジメント㈱

※1　ファンド名称は、運用会社の五十音順で表示している。

各証券会社のiDeCo商品紹介ページ

●楽天証券
https://dc.rakuten-sec.co.jp/service/product/
●SBI証券
https://site0.sbisec.co.jp/marble/insurance/dc401k/search/dc401ksearch.do
●松井証券
https://www.matsui.co.jp/ideco/product/
●auカブコム証券
https://kabu.com/item/ideco/item.html
●マネックス証券
https://mst.monex.co.jp/mst/servlet/ITS/ideco/IDecoBrandList

著者
藤川 太（ふじかわ・ふとし）

生活デザイン株式会社代表取締役。慶應義塾大学大学院理工学研究科を修了後、自動車会社で燃料電池自動車の研究開発に従事。その後2001年に家計の見直し相談センターを設立し、資産形成に関するアドバイスを行ってきた。『やっぱりサラリーマンは2度破産する』（朝日新書）ほか、著書多数。2022年、無料の運用ロボットアドバイスサービス「ふくろう倶楽部」（https://club.mfukurow.com）をスタート。

表紙デザイン●渡邊民人（TYPE FACE）
本文デザイン●鈴木貴之
編集協力●高水 茂、日野秀規
イラスト●はやせいさお

2024年
新制度
対応版

世界一かんたんな NISAとiDeCoの 得する教科書

2023年 3 月24日　第1刷発行
2023年11月23日　第2刷発行

著者
藤川 太

発行人
蓮見清一

発行所
株式会社 宝島社
〒102-8388 東京都千代田区一番町25番地
電話：03-3234-4621（営業）／ 03-3239-0646（編集）
https://tkj.jp

印刷・製本　日経印刷株式会社

Printed in Japan
ISBN 978-4-299-04025-1